十大华人科学家丛书

孟宪明　主编

茅以升传

赵泰靖　编著

河南文艺出版社

·郑州·

图书在版编目（CIP）数据

十大华人科学家丛书/孟宪明主编. —郑州:河南
文艺出版社,2020.4
ISBN 978-7-5559-0964-4

Ⅰ.①十… Ⅱ.①孟… Ⅲ.①华人-科学家-列
传-世界-近现代 Ⅳ.①K816.1

中国版本图书馆 CIP 数据核字(2020)第 040625 号

出版发行　河南文艺出版社
本社地址　郑州市郑东新区祥盛街 27 号 C 座 5 楼
邮政编码　450018
承印单位　河南瑞之光印刷股份有限公司
经销单位　新华书店
开　　本　890 毫米×1240 毫米　1/32
总 印 张　57
总 字 数　1020 000
版　　次　2020 年 4 月第 1 版
印　　次　2020 年 4 月第 1 次印刷
定　　价　258.00 元(共 10 册)

目　录

一

他从小立下"奋斗"宏愿,到 86 岁时回顾说:人生之路崎岖多于平坦,忽似深谷,忽似洪涛,好在有桥梁可以渡过,桥梁的名称叫什么呢? 叫"奋斗"。

1. 镇江茅家　/1

2. 好奇的幼儿　/4

3. 立下"奋斗"宏愿　/6

4. 刻苦的中学生　/9

5. 小小叛逆者　/13

二

他正在为未能参加革命而深感遗憾的时候,孙中山先生来学校视察并发表演讲,为他的人生指明了方向。

1. 千里求学 /17

2. 向往革命 /19

3. 第一名 /23

4. 罗忠忱教授 /25

5. 李乐知同学 /28

三

仅一年时间,他拿到了硕士学位;再业余学习两年,他又拿到博士学位。一位中国学生轰动了两所美国大学。

1. 留学康奈尔 /30

2. 加里基工学院的第一位博士 /33

3. 创立中国工程学会 /36

4. 为圆周率写史 /38

5. 匹兹堡的"中国夜" /42

四

尝试启发教学,独树一帜;领导几所大学,成就斐然;创议教育改革,振聋发聩。但是,教育家的声誉抹不去他工程家的理想——为中国建造现代化大桥。

1. 最受学生欢迎的年轻教授　/45

2. 东南大学工科主任　/48

3. 河海工科大学校长　/50

4. 创议教育改革　/52

5. 北洋大学校长　/56

五

杭州民间流行一句谚语——"钱塘江造桥",用来形容一件不可能成功的事。他来杭州,就是要做这件不可能成功的事。

1. 受命造大桥　/59

2. 险恶的钱塘江　/63

3. 组成建桥班底　/66

4. 精心设计　/68

5. 筹款曲折　/71

6. 开工典礼　/75

六

他站立桥头,不由自主地回想:"8·13"上海抗战开始时,大桥还有许多工程没有完,整个大桥工地,已笼罩在战争阴云中了,然而才一个半月时间,居然就通车了,真是不可思议!这靠的是什么呢?……

1. "上下并进,一气呵成" /78

2. "八十一难" /81

3. 不驯服的沉箱 /85

4. 浮运钢梁 /89

5. 建桥不忘育才 /92

6. 团结、高效的桥工处 /94

7. 战火催逼大桥成 /98

8. 炸桥又复桥 /103

七

他贴出招生广告,挽救一所大学;成立桥梁公司,网罗众多人才;迎接上海解放,巧妙与敌周旋。陈毅市长紧紧握住他的手说:

"上海解放,你是有功劳的!"

1. 主持"流亡大学" /110

2. 山沟里的文化城 /113

3. 从重庆到上海 /117

4. "上海解放,你是有功劳的!" /120

八

毛主席每次见到他,总是亲切地称他为"本家"。他第一次见到周总理,就和总理建立起相互信任的关系;周总理对他委以重任,他有什么建议提出,总能得到周总理的重视。

1. "是科学家,非常欢迎!" /124

2. 再倡教育改革 /127

3. 铁道科学研究院30年 /131

4. 两项伟大工程 /134

5. 开拓中国的土力学 /139

6. "你不但是科学家,还是文学家呢!" /142

7. 志在创建新力学 /145

8. 在"文革"中 /150

九

他奋斗一生，除了建造江河大桥外，还修起许多理解之桥、友谊之桥、报国之桥、科技文化交流之桥和科学之桥。他的精神就是一座永远的桥。

1. 在科学的"春天"里 /155

2. 架起科技通向人民的桥梁 /158

3. 孩子们的茅爷爷 /161

4. 多年心血结硕果 /166

5. 两次访问美国 /170

6. "最光荣的一天" /176

7. 一座永远的桥梁 /179

一

　　他从小立下"奋斗"宏愿，到 86 岁时回顾说：人生之路崎岖多于平坦，忽似深谷，忽似洪涛，好在有桥梁可以渡过，桥梁的名称叫什么呢？叫"奋斗"。

1. 镇江茅家

　　公元 1127 年，金国军队攻陷宋朝都城开封，虏走徽宗、钦宗皇帝，北宋被灭。中原官民纷纷逃往江南避难。家住开封鼓楼的宋朝武功大夫茅康全家也加入了逃难行列；辗转流离，终于在镇江定居下来。

　　茅家到江南后的第 769 年是公元 1896 年。这一年的 1 月 9 日，一个婴儿的呱呱坠地，在茅家引起了小小的轰动，因为婴儿生下来手心通红，人人都说是大福大贵之兆，昭示着茅家将要发达和显赫。

　　新生儿的祖父茅谦，前一年秋天刚中了举人，正在准备进京考进士,恰在这时又添了一个身带吉兆的孙子,更是喜上加喜。他为婴儿取名"以升",自然是希望孩子将来前程远大,茅家后继有人,家业昌盛。茅谦是一位具有强烈爱国心的读书人,当时中日甲午战争硝烟未散,他正为国家的命运担忧,为孩子取名"以升",也寓意着希望国家升平的愿望。

以升出生后不久,甲午战争以中国惨败结束,李鸿章代表清政府赴日本签订了丧权辱国的《马关条约》,激起了全国人民的强烈反对。爱国人士康有为、梁启超、谭嗣同等联合全国各地进京会试的新老举人1300多人签名上书,要求朝廷立宪变法。茅谦也积极参加了上书活动,上书的初稿上有他写下的不少意见和建议。然而不到5个月,这场变法运动就遭到了血腥镇压,以谭嗣同等"六君子"血染北京菜市口刑场而告终。

茅谦在中举前,已是镇江、扬州一带的著名文士,曾被湖南学使聘为幕僚,与谭嗣同结为至交。变法的失败,尤其是挚友谭嗣同的被害,对茅谦的精神打击极大。他仕进之心大减,回到镇江,在诗酒中寄托愤世嫉俗之心。他的后半生以兴办教育、造福地方为己任。

茅谦于1896年底将全家迁往求学环境更好的南京。当时以升才11个月,在母亲的怀抱中乘船到达南京。茅家在镇江根深叶茂,亲朋故旧众多。茅谦虽迁居南京,根基仍在镇江。他每年都要带家人回镇江祭祖扫墓,参与家族事务。镇江的老宅还在,他和家人可以随时回去居住。茅谦身居南京,仍以镇江为家,这对幼小的以升影响很大;以升虽不在镇江长大,却对镇江感情很深,一生以镇江为家。

茅谦在南京,主要从事文化教育活动。1902 年,他创办了《南洋官报》,第二年创办养正学堂,后又创办达材师范学堂,晚年还回镇江创办城南学堂,培育家乡学子。

茅谦精通文学,有诗文传世;年轻时还曾跟岳父杨子安先生学习过天文历算。以升从小就喜爱文学和数学,是与祖父的影响分不开的。

茅谦还是一位水利专家。他少年时,正逢太平军起义,镇江曾一度是主要战区,他到苏北兴化避乱数年,在那里又经历了大水灾,他亲眼看到洪水淹没人民生命财产的惨状,开始留心水利事业。壮年时他远游河南、河北、湖南、安徽等省,考察各地水域;曾参与规划治理江苏水患。到晚年,他还参加了广东的治水工作。他一生写了 60 多篇关于水利工作的文章,汇集成《水利刍议》一书。茅以升后来选定桥梁专业,与祖父的影响有很大关系。

茅谦有三个儿子:乃登、乃封和乃经。以升是乃登之子。乃登自幼受父亲熏陶,学问扎实,思想进步,在镇江进学秀才,到南京后补博士弟子员,曾做过《中外日报》和《申报》记者,任过书局编辑,当过国文教员。后来与弟弟乃封一起参加军队,对辛亥革命做出一定的贡献。

以升的母亲韩石渠，天资聪颖，靠自学读了很多书，能诗善文，见识过人。14岁时，父亲被诬下狱，她忧急万分，奋笔写下一份辩诬状，有理有据，情辞感人，使父亲的冤案得以昭雪。茅谦认为韩石渠真乃奇女子，极力促成了她和乃登的婚姻。婚后，她不仅是乃登持家的贤内助，而且还帮助丈夫出谋划策，评阅文稿。乃登做记者时，她经常能对丈夫将要见报的文章提出很中肯的意见，把文章修改得更加完美。她与乃登生三男（以南、以升、以新）一女（以纯）。她非常钟爱自己的儿女，但决不溺爱放纵。她最关心的是儿女们的读书求知和做人处世。以升成长道路上的几个关键时刻，都得到了母亲的教诲、激励和指导。

2. 好奇的幼儿

以升天资聪慧，3岁时，母亲开始教他识字，5岁就随哥哥以南到一家私塾读书。课本是《论语》，老师只要求学生一节一节地死记硬背，背不出来就用戒尺打手心。小以升觉得没有一点儿学习的乐趣。

他从小好奇心极强，总是睁大眼睛，歪着小脑袋出神，显出呆头呆脑的样子。家里有的大人不喜欢他这个样子，就开玩笑说他不是茅家人，是从门外的台阶上捡来的。小以升听了半信半疑,就去问妈妈,妈妈叫他不要相信,他还以为妈妈在故意安慰他。

"管它姓茅不姓茅,"他想,"只要我长大能读书干活就行。"

上私塾期间,家里有人又对他开这种玩笑。他又想,如果我真不是茅家人,又何必赖在茅家吃饭呢?

有一天,小以升看见门口站着一个讨饭的,心想:"他既能挨家讨饭过活,我何不跟他走呢?"就和讨饭的谈了起来。家里人感到奇怪,问他说些什么,他回答说:"我想跟他走。"大家这才惊慌起来,都认真地对他说,以前是开玩笑的,"你千真万确是茅家人!"小以升这才放了心。

"我至今还记得这个故事。"茅以升82岁时回忆说,"因为它激发了我可以独立的精神。"

小以升七八岁时,开始对"科学"发生了兴趣。

南京有个风俗,过春节时家家玩花灯。以升家有一个走马灯,里面有一个能转动的小轮子,轮子四周粘了许多彩色的纸人纸马;轮子底下有蜡烛,一点着蜡烛,轮子就会转动起来。纸人纸马的影子射到墙上,形象很生动,就好像简单的"影戏"。小以升感到很有趣,但不知道其中的道理。

"走马灯的轮子为什么会转呢?"他问爸爸。

"小轮子里从中心到四周,有许多叶片,又薄又轻,蜡烛的热气吹到叶片上,小轮子就转起来了。"

听了父亲的讲解，小以升拿起走马灯仔细地研究起来。他反复将蜡烛点着又吹灭，果然叶片受热气一吹，就带动纸人纸马转动起来，吹灭蜡烛，轮子就停了下来。

他想："如果热气大点儿，轮子不就转得更快吗?"于是就在轮子底下多放了一支蜡烛，果然那轮子就加倍地转动起来了。

小以升对自己这个新发现非常得意。

3. 立下"奋斗"宏愿

8岁那年，以升从私塾转到思益学堂读书。学堂是一所效仿欧美教育模式的新式小学，是由一批具有新思想的"江南才子"创办的。思益学堂虽是个小学，但教师都很有水平，一些人还很有名气。著名史学家柳冀谋先生就在这所学校教历史课。以升的父亲茅乃登在江南官书编译局任编辑，也来兼任思益学堂的业余义务国文教师。教师中有些人后来成为辛亥革命的中坚分子，以升在这里受到了新思想的熏陶。

在思益学堂，以升的科学兴趣大大地发展了。以升特别喜欢数学。放学回家，他常常边吃花生米边演算数学题，很长时间头也不抬。从数学演算中，他得到了极大的乐趣。对数学的爱好，为他后来学习和研究科学技术打下了基础。

9岁生日那天，三叔乃经送给他一本没有着色的世界地图，这本书在他面前打开了一个全新的世界。他原来以为南京城最大，外地也和南京一样；想不到中国还有那么多大城市，中国以外还有那么多国家，各地的地形和风土人情竟是那样千差万别。于是他萌发了要周游中国和世界的愿望。后来这个愿望果然实现了，他的足迹不仅遍及中国，而且他还到过世界上许多国家。他一生都没有忘记这本世界地图。

就在这一年夏天，一个偶然的事件影响了茅以升一生的职业选择。

南京秦淮河自古是热闹繁华之地。每年端午节，河里都要举行赛龙船盛会。河上的几座桥，是观看竞赛的最佳位置，桥上总是挤满了人。

端午节前一天，几个同学来约以升第二天去看赛龙船。妈妈不想让他去，说他太小，怕去后挤丢了。以升再三恳求，妈妈才答应让他去。正巧这天晚上，他突然肚子痛，非常难受，几乎一夜没睡，第二天自然就去不成了。

傍晚，一个同学来到以升家，说："你幸亏没去，如果去的话，可能掉到河里淹死了。"

以升大吃一惊，急忙问怎么回事。

"我和几个同学挤在文德桥上看赛龙船，"同学说，"人太多了！桥栏杆突然被挤断，几块桥面铺板也坍了下去，不少人掉到水里……"

"人都救起来没有?"以升打断同学的话,急切地问。

"淹死了几个人。"同学回答,"我们学校的一个同学,也差点儿就完了。"

同学走后,以升怔怔地坐在床上,浮想联翩。修桥是让千万人过河的,但是桥要造得不好,就会引起灾难,有桥反而不如无桥了,那些被淹死的人,应由造桥的人负责。他暗暗下定决心:将来我要造桥,一定不会造得像文德桥。

随着年龄的增长,以升已不像小时候那样呆头呆脑了,而变得英俊灵秀,性格也越来越要强好胜。

10岁那年暑假的一天,一位客人来访问二叔乃封。以升很懂礼貌地送上一杯茶水。这位客人大概懂相面术,见了以升就对二叔大加赞赏说:

"这孩子相貌不凡,将来一定了不起,要给你家光宗耀祖的呀!"

听到客人的话,以升心里很受用。不料二叔却说:"他还是个孩子,样样还不行呢!"

这本是二叔的客套话,而以升却认真起来,心中的得意顿时消失,暗想:"你说我样样都不行,我来行的给你看!"从此发奋读书,再不出外玩,除吃三顿饭外,关在房里不见人。有时一段书看不完,连饭也不吃。家里人以为他和人生气,却找不到和他生气的人,二叔也不知道他是跟自己赌气呢。

就这样，在一个暑假里，他看了很多书，不但把课本看得烂熟，还看了不少新知识、新思想的书。功夫不负有心人，他感到自己的思想大有变化。从此把古人的一句格言"一寸光阴一寸金"牢记在心，有空闲就看书，成为终身习惯。

就在这一年，祖父在条幅上写下了苍劲雄浑的"奋斗"两个大字送给他。他理解祖父的意思，一生把这两字作为座右铭。他在晚年回顾一生时说：

"人生之路崎岖多于平坦，忽似深谷，忽似洪涛，好在有桥梁可以渡过，桥梁的名称叫什么呢？叫'奋斗'。"

4. 刻苦的中学生

1906 年，还没读完小学的茅以升以优异成绩考入新成立的江南中等商业学堂。那时他还不到 11 岁，是全校最小的学生。

商业学堂是当时全国屈指可数的新型中学之一，在社会上有很大名气。它的头两任监督是两榜状元黄思永和张謇，后来由宗嘉禄接任，他是中国现代著名美学家宗白华先生的父亲。学堂教师都是经过严格挑选的优秀人才，史学家柳翼谋先生也从思益学堂转到这里任教。学堂的设备很好，学生一律住校。

学堂实行欧美新式教育。课程有数学、物理、化学和英文，还有历史、地理和体育，到高年级还要学法文。每天上午、下午各三节课,早晚还有自习课。

学堂的考试很严格,以升学习刻苦,成绩总在年级前 10 名。在商业学堂 5 年,坚实地打下了他的科学知识基础。

以升的英文也入门很快,读了不少英文书。他特别喜爱英文文学作品,如《莎士比亚戏剧故事集》《鲁宾孙漂流记》《孤星血泪》和《痴汉骑瞎马歌》等。

以升还是学堂体育场上的活跃分子,特别喜欢踢足球。他身材矮小,跑动灵活,善于迂回穿插到对方禁区,临门一脚,破门得分。他还在假期学会了骑马,常在南京下关至明孝陵的大道上来往奔驰。

他不分严冬酷夏,每天清晨用冷水洗脸,午后用冷水洗身。渐渐养成习惯,成为他一生强身健体的重要方法,直到 85 岁还在坚持,引起了访问他的日本朋友的注意。日本朋友回国后在日本杂志上作了报道,称为"茅氏冷水浴法"。

后来茅以升在科学上的成就,是与他坚持体育锻炼,保持良好的健康状态分不开的。

以升在商业学堂,也有愤愤不平之处。刚入学时,新生分为甲、乙班。以升入学成绩好,以为自己应分在甲班,却被分到了乙班。他发现分在甲班的都是富贵子弟,认为自己被分到乙班,是因为家中贫寒,感到很不公平。他暗下决心,一定要争这口气,在学习上超过他们。

他家有时经济困难,连食宿费都不能及时交上,招致一些富家子弟的嘲笑。他无话可说,可心里很不服气,想:"你们的钱是从哪里来的!"他在阅读新书中得到的新思想使他认识到,这个社会太不合理了,觉得自己真是生不逢时。

同班有个同学叫曹天潢,家里穷得连铺盖都没有,平时生活极其艰苦,但他刻苦学习,连星期天也不回家,整天在教室或宿舍中埋头读书,考试总是第一名。以升非常佩服他,心想,还是穷孩子有出息。他主动向曹天潢学习,两人成了亲密朋友,经常在一起学习讨论。

以升虽然家贫,每星期还有几个铜板的零花钱。因受曹天潢的影响,他从不乱花,积攒起来买了不少课外书,与曹天潢一起阅读。

在柳翼谋先生和祖父的指导下,以升在这5年中很坚实地打下了中国传统文化的基础。

柳先生的历史课,文化内涵丰富深厚;《史记》《汉书》等古籍,他都已烂熟于心,讲课时能自如地引用,讲得津津有味,以升非常爱听。

柳先生和茅谦是同乡,论辈分茅谦为长辈,但在文化上,两人是忘年至交。因为有这层关系,柳先生对以升格外用心培养。以升聪敏好学,富有才华,深得柳先生喜爱。在柳先生指导下,以升利用星期天和假期读了许多古书,文化修养大大提高。

茅以升终生尊柳先生为师。他成名后，柳先生为他写了一副对联：

礼乐本百圣
桥梁通八荒

上联指茅以升的传统文化精神，下联指茅以升的科学技术成就。茅以升非常珍视这副对联，将它悬挂在客厅中，直到逝世。

祖父茅谦认为文学修养对一个人的成功非常重要。但商业学堂以数理化和外语为主，没有多少时间学习中文。他怕以升中文不进步，特别是对古文不熟悉，就利用暑假教以升学习古文。他和以升不住在一起，每天都按时来给以升讲课。

祖父的教法很特别。他先用毛笔写出一篇古文，让以升在旁边看着，用心记住他写的字，写完后再开始讲。他要求以升尽快把这篇文章记牢，第二天上课时背诵给他听。使祖父感到意外的是，那些短小精练的古文，他刚写完，以升就能把全篇背诵下来了。祖父大为吃惊，连连称赞以升"聪明"，心里别提有多高兴了。

通过这种方法，以升记住了大量的古文作品，像孔稚珪的《北山移文》、王勃的《滕王阁序》、杜牧的《阿房宫赋》等脍炙人口的文章,他都能一口气背诵下来。

这种学习方法的一个附带收获是,锻炼了茅以升的记忆力。不论是文章、数字或故事,只要他集中注意力,都能很容易地记住。后来他把数学里的圆周率记到了小数点后的 100 位,到 80 多岁还能一个不差地背下来。大家都感到惊奇,说他是记忆天才,但他却不这样认为。

"我认为记忆力的好坏,不完全是天生的,主要靠锻炼。"茅以升说道,"一把刀,越磨越快,不磨不用,就要生锈了。"

5. 小小叛逆者

茅以升在商业学堂读书时期,正是辛亥革命风暴来临前夕。像商业学堂这样的新式学校,是最容易受革命影响的。茅以升就是学生中较突出的反叛者之一。

戊戌变法的失败,彻底暴露了清政府极其腐朽的本质,越来越多的爱国知识分子认识到,必须推翻清政府,建立新型的共和国,中国才会有出路。从 1902 年到 1905 年,国内陆续出现了许多革命团体。如黄兴、陈天华在长沙成立兴中会,蔡元培、章炳麟在上海成立复兴会,吕大森、刘静庵在武昌成立日知会,等等。

1905 年,孙中山联合诸多革命团体,在日本东京创建统一的革命党——同盟会,提出"驱逐鞑虏,复兴中华,建立民国,平均地权"的革命纲领,创办《民报》作为宣传革命的阵地。

同盟会积极在国内发展会员,扩大组织,开展武装斗争。从1906 年到 1908 年,孙中山、黄兴等人先后在广东、广西、云南等地发动了六次武装起义。虽然都失败了,却点燃了革命的火种,越来越多的爱国者投入了革命的行列。

当时,严复翻译的进化论著作《天演论》在知识界非常流行。他用生物进化的"优胜劣汰""适者生存"规律来解释中国的现实,指出中国面对列强的侵略,如不奋起抗争,奋发图强,就有亡国灭种的危险,在知识分子中起到了极大的激励作用。

1907 年,茅以升也读到了《天演论》,被书中新颖的思想深深地吸引住了。他爱不释手,反复阅读,不但学到了生物进化的科学知识,而且还激发了爱国、报国之心。

他还经常阅读《新民丛报》和当时的革命书报《浙江潮》《革命军》《警世钟》《猛回头》等,其中的革命思想强烈地感染了他。他还不理解什么叫"革命",但他幼小的心灵里已开始萌发反叛精神。

1907 年 5 月,巡警学堂监督、革命党人徐锡麟,谋划刺杀安徽巡抚恩铭,在安庆起义失败,被剖心处死;与徐锡鳞约定同时起义的女革命家秋瑾,继续在浙江部署起义,因叛徒告密,被捕牺牲。

商业学堂的学生从《民报》上得知这一消息,都非常震惊,一时群情激愤,自发举行了悼念活动。茅以升和另一位同学裴荣在悼念会上慷慨陈词,痛斥清政府残杀爱国志士的暴行。

1908年11月,光绪皇帝和慈禧太后相继死去,清政府下令全国举哀。商业学堂也设立了祭堂,学生们在老师带领下,每天要举哀一次,行三跪九拜礼。进步的学生早已痛恨帝制,哪能忍受这些繁文缛节,在每次举哀时,以升和一些同学故意做出各种怪叫声,闹得祭堂乱哄哄的,使举哀活动变成了闹剧。

过后不久,裴荣带头把辫子剪掉了,以升也跟着剪掉了辫子。

要不要辫子在清朝可是个要不要命的大问题。汉族男人原来是头发全留,绾结在头顶上。清兵刚入关时,强迫汉人依从他们的风俗,剃掉脑袋前半部分的头发,把剩余部分的头发辫起来拖在身后,并把要不要辫子作为愿不愿归顺大清的一个标志,甚至提出"留发不留头,留头不留发"的口号。有无数不愿剃发留辫的人惨遭屠杀。

清末的革命党人,都以剪辫子来表示与清王朝一刀两断的决心。

以升和裴荣还在清王朝的统治之下,也效法革命党人剪掉辫子,按大清律法是大逆不道的行为,要在以前可是杀头之罪。好在当时清王朝已自身难保,管不了那么多了。学校当局为了应付上面,给以升和裴荣记过处分了事。

但被处分总是不好的事,以升心里悒悒不乐。母亲看出了他的心思,把他叫到跟前,夸他有志气,做得对。以升打心眼里感激母亲的理解和支持。

1911年4月27日,孙中山和黄兴又在广州发动了一次规模较大的起义。黄兴率领敢死队冲进总督衙门,陷入清军的重围中,革命军100多人战死,起义失败。过后,革命党人找到了72位烈士的尸体,合葬于广州黄花岗,并编写《七十二烈士传》,宣传他们的革命精神。他们中有许多才华横溢的知识分子,他们义无反顾的牺牲精神令人敬佩。林觉民烈士起义前写给妻子的诀别书中,表达了他"以天下人为念,为天下人谋永福"的死而无憾的决心。喻培伦烈士在激战中胸前挂着一筐炸弹,边冲锋边投掷,身负重伤,被俘牺牲。

茅以升读着《七十二烈士传》,禁不住热泪盈眶,热血沸腾,他只恨自己年龄太小,不能立即投身到革命中去。

二

他正在为未能参加革命而深感遗憾的时候,孙中山先生来学校视察并发表演讲,为他的人生指明了方向。

1.千里求学

1910 年,江南中等商业学堂增设高等预科,改名为"江南高中两等商业学堂"。茅以升升入高等预科学习。

第二年夏天,15 岁的茅以升在商业学堂毕业,听说北京清华学堂招考留美预备生,他和同学裴荣约定,一起北上赴京投考。

家里人都说以升太小了,外出还不能让家里人放心,应该等两年再说。

以升从小就不服气人家说他不行,现在他已掌握了许多知识,懂得了很多道理,自主意识就更强了。他最不愿意人们还把他当小孩看待,竭力争辩。

最舍不得孩子离开的应该是母亲,但是,母亲却坚决支持他外出求学,因为她知道以升志向远大,家里是留不住的;她也相信以升的聪敏和能力,完全可以在外自立。

1911 年 7 月 30 日,茅以升含泪告别了母亲,告别了全家,与好友裴荣一起,离开南京,踏上了北上求学的行程。

他们先到上海码头,乘直抵天津的轮船,然后由天津乘火车到北京。下车找好旅店,就急忙赶往清华学堂。

他们万万没有想到,清华学堂考期已过,连录取榜都已发布了。他们的勃勃兴致和满怀希望顿时被浇灭了。

就在他们不知所措之时,得到了另一条消息:唐山路矿学堂也在招预科生,考期还没有过。以升和裴荣几乎没怎么商议,便达成一致意见:既然出来了,就不能轻易回头,报考路矿学堂去。

他们立即赶往唐山,下车后直奔路矿学堂。到了学堂才知道,达里只有土木工程一科。

以升在商业学堂特别喜欢数学和物理,同时又羡慕祖父和柳翼谋等大学问家,他的志愿是学习理科或文科。但当时他最怕的是无功而返,就义无反顾地报了名。这一报决定了他的终身选择。

入学考试对以升和裴荣来说相当容易,他俩双双被录取为预科生。第二年转入正科时,以升考虑到桥梁建造需要自己最喜欢的数学、物理知识,再加上对秦淮河上文德桥坍塌事故一直印象深刻,就选定了桥梁专业。

唐山路矿学堂创建于1905年,是由京奉铁路局和开滦矿务局共同开办的。原有路、矿两科,以升报考时只剩下铁路一科,也就是土木工程科。

校长赵士北是孙中山先生的同学。他思想进步,重视人才,聘请到了许多高水平的教师,其中还有外国教师。他对茅以升小小年纪就以优异成绩考入路矿学堂非常欣赏,在开学典礼上,他特意介绍了这位建校以来年龄最小的大学生。

2. 向往革命

茅以升考入唐山路矿学堂不到三个月,辛亥革命爆发了。

1911年10月10日夜,革命党人领导的武昌新军起义,一举攻下总督衙门。第二天,汉阳、汉口的新军也起义响应。革命党控制了武汉三镇,宣布起义成功。其他各省相继响应,到11月下旬,全国已有24个省宣布脱离清政府。12月初,起义各省的代表集会,决定成立中华民国,以南京为首都,推举孙中山为临时大总统。

1912年1月1日,孙中山在南京宣告中华民国成立,宣誓就任临时大总统。2月12日,宣统皇帝下诏退位,中国两千年的封建帝制从此结束。

武昌起义后不久,革命风暴即迅速波及唐山,茅以升衷心欢呼革命风暴的来临。

由于时局激烈动荡,学堂宣布停课,让学生回家暂避。以升和裴荣取道天津,乘轮船回到上海。为躲避江浙联军攻占南京的战火,以升全家已在上海暂住。

以升的父亲这时任江浙联军总司令部秘书部副部长,二叔任参谋次长。南京临时政府成立后,父亲任南京卫戍总督府秘书长,兼江苏、浙江军事顾问;二叔任南京宪兵总司令。

以升向母亲提出,他也要参加革命。

"妈妈知道你很有能耐,"母亲说,"可是你才15岁,人们都把你当小孩子,能要你吗?你要趁年轻好好读书,学成后再去革命也不迟。妈妈就认准一个理:要用真才实学报国。"

以升当时空有一腔热血,其实还不了解革命是怎么回事,就很顺从地听了妈妈的话。

第二年年初路矿学堂复课,他回到学校后发现,有一些同学没有回来,参加革命去了;还有的同学返校后不久,又离校投奔革命去了。以升的同班好友杨杏佛,是同盟会会员,革命刚爆发就赶往武昌去了,随后任南京临时政府总统府秘书处收发组组长;好友裴荣也弃学参加了革命军。以升羡慕他们,真后悔听了妈妈的话。

不久,以升收到了裴荣的信,信中热诚地邀请他到革命军队中来。他再也按捺不住了，立刻给母亲写了一封信，以同学裴荣和杨杏佛为榜样，说服母亲同意他参加革命军。

母亲收到信，立即回信，仍然坚持她"要先有学问再革命"的主张，要以升安下心来，继续读书。对于以升信中讲到的裴荣、杨杏佛参加革命的例子，母亲解释说，他们年龄较大，而以升尚小，不到从军年龄。

母亲的信并没有说服以升，他提笔又给母亲写了一封长信，详细申明自己坚持要走的理由。很快就收到了母亲的第二封回信，以升读过大为震惊。母亲在信中严厉地说："如果离开学校，就不以你为子！"

以升是个孝顺的孩子，他马上想到，母亲对自己从来没有这样严厉过，肯定是很伤心生气才这样写。是去从军呢，还是继续读书？几天中他内心斗争激烈，寝食不安，终于决定顺从母亲的意见，压下了从军的念头。他暗下决心，一定要发愤用功，等到毕业再去革命。但在他的内心深处，总有一种未能参加革命的遗憾。

这件事是茅以升一生中的一个重要转折点，如果他当时坚持弃学从军，中国可能会多一位革命家，而少了一位杰出的科学家。

1913年秋，孙中山先生视察唐山路矿学堂时的讲话，为茅以升指明了人生道路，坚定了他献身工程技术的信念。

清朝皇帝退位后,孙中山辞去了临时大总统一职,潜心研究中国的革命和建设,写成《建国方略》一书。书中提出要在中国修建10万英里(1英里≈1.6093千米)铁路、100万英里公路,因而他非常重视工程技术人才。这次来矿路学堂视察,就是他重视工程技术人才的最好证明。

孙中山是全国进步青年心目中的伟大人物,茅以升和同学们早已对孙中山的名字满怀崇敬,而今能够亲眼见到孙先生,怎能不激动万分呢?

孙先生对同学们发表了精彩的讲话。他说:"国民革命需要两支大军,一支是武装起义的大军,要推翻封建专制的帝国,建立人民的国家;另一支是建设的大军,要向西方学习先进的科学技术,改变中国贫穷落后的面貌,把我国建设得繁荣富强,跨入世界先进国家的行列。为达此目的,我们就要大力开发矿山,修建铁路、公路,开办工厂,把我国从一个落后的农业国变成一个先进的工业国。这个重任就落在了你们青年学生身上。在座诸君在路矿学堂,一定要努力学好筑路、开矿的本领,将来为国效力。"

孙先生的话,彻底消除了茅以升对自己未能参加革命军的遗憾,认识到学好本领与投笔从戎对国家同样重要,不再感到自己是处在时代潮流之外了。

讲话结束后,孙先生与师生们合影留念,茅以升就站在孙先生身边,感到特别荣幸。

3. 第一名

经过了武昌起义后短期的不安心后,茅以升开始专心致志地学习。

他第一年读的是预科,所学的都是数学、物理、化学等学科的基础知识,这些知识在商业学堂已经学过,而且他的考试成绩都很好,自以为已完全理解。现在又来学,开始他想不通,认为这是浪费时间。但路矿学堂注重知识的融会贯通,讲授方法和商业学堂大不一样。他不久便悟出一个道理:原来各门功课,表面上好像各自独立,实际上是彼此联系的,可以相互启发,有一把共同的钥匙需要掌握,这便是其中的逻辑性。

有了这一悟,再回过头来看中学时所学知识,他原以为已经懂了的,其实懂得并不透彻。有了这一悟,他在以后的学习中更是如鱼得水,游刃有余。原来他有时还觉得学习枯燥乏味,但在此后的学习中,总有很大的乐趣伴随着他。

路矿学堂有许多课程是没有教科书的,全凭老师在台上讲,学生在下面记。茅以升认为,这样教学有两个好处:一是老师不受教科书限制,总是把最新的知识讲给学生;二是老师可以旁征博引,教给学生更多的知识。

以升记课堂笔记非常认真，课后还要参考不少书，将笔记加以补充整理，因此他每门课的笔记都很完整。在唐山五年中，他共做了200本笔记。

路矿学堂的考试制度也别有特色。除了固定时间的大考外，平时的小考很频繁，而且从不预告，学生到课堂后才知道，有时一个上午要考三四门功课。为了对付这种情况，以升制定了一个学习计划表。每天晚上把当天的功课温习好，做到每天有准备，从来不怕考，由于学习时间表的有效运用，考试常得满分。每次大考发榜，他都是全班第一名。

他每天早晨6时起床，晚上11时睡觉，中午不休息，节假日也照常。所以，他的好成绩也是他坚持勤奋学习的结果。

但以升并不是一个两耳不闻世事、一心只知读书的书呆子。他非常关心发生在学校内外的大事，尤其是国家大事，坚持每天看报，了解时事。1915年，嫌当大总统不过瘾而想当皇帝的袁世凯，积极筹划复辟帝制，操纵各报纸都为他歌功颂德，制造复辟舆论，引起以升的极大反感。他决定什么报纸也不看，一门心思读书；直到第二年袁世凯病死，他才恢复看报。

以升的性格很活泼随和，与同学们建立并保持着愉快的关系。他也非常喜爱体育活动，入校不久，就参加了学校的足球队，是一名较出色的队员。

1916年夏，茅以升以最优异的成绩毕业于唐山路矿学堂，他的毕业考试答卷完美无缺，老师破格给了 120 分，学校还特意珍藏了这份答卷。这一年，北洋军阀政府教育部评选优秀工科大学，唐山路矿学堂被评为第一名，而茅以升是第一名学校中成绩第一名的毕业生。

4. 罗忠忱教授

茅以升在唐山读书期间，对他最有影响的老师是罗忠忱教授。

罗忠忱，字建侯，毕业于美国康奈尔大学土木工程系，获土木工程师资格。回国后，一直在"唐院"（唐山路矿学堂曾数次改名和搬迁，但该校毕业生一直简称该校为"唐院"）任教达 50 多年。

他教茅以升材料力学、应用力学等基础课，用的是美国工程大学的教材。他讲一口流利的英语，口齿清楚，快慢适度，用语简练，没有一句废话，学生都能听得懂，而且都喜欢听他讲课。但他讲课逻辑性很强，听课时注意力稍有分散，就跟不上。

罗教授对学生要求十分严格，经常进行当堂小考，时间约二三十分钟，到规定时间不交卷，就算零分。对计算题的答案，规定取三位有效小数；用计算尺计算，只准第三位数有误差，否则也算零分。他说，这样严格要求的目的，是要学生在学校就养成认真、精确的习惯,避免以后搞工程设计时,因计算有误而出现安全问题。

罗教授一丝不苟的学风,茅以升非常敬佩,在不知不觉中受到了熏陶。

罗教授不仅在学问、教学上令学生敬仰,在做人上也堪为师表。他坚持原则和信念,正直无私,从不计较个人得失。他对自己要求很严,生活简朴,有规律,爱整洁。平时表情严肃,说话不多,但他理解人,尊重人,乐于帮助人。他嫉恶如仇,最恨说谎、弄虚作假、溜须拍马、卖友求荣、不负责任、不遵守时间的人。

有一件事给茅以升留下了深刻印象。罗教授的一个侄子也在路矿学堂学习,一次期末考试只得了 59 分,他毫不留情地将侄子留了一级。

罗教授一生为国家培养出了一批又一批建设人才,他们中有个少成为工程专家,有的还享有很高的荣誉和地位,而他却在平凡的教学岗位上默默地奉献了一生,从不在意自己的名誉地位。

有一年,国民党政府的中央研究院评选院士,罗教授被提名为候选人,却因为他没有什么著作而落选。当不当院士,在罗教授看来都一样,他自然也不会在意落选不落选。

"爸!"有一次他的孩子不解地问,"你为什么不著书立说?"

"我把所有的知识都教给了学生,"他回答,"再没有什么可写的了。"

罗教授在政治上也富有正义感。抗日战争中,正当国民党掀起反共高潮时,国民党三青团在校内活动猖獗。罗教授在全校大会上公开斥责三青团的活动,提出"教授治校""党团活动退出学校"的正义主张。

无论在治学和做人上,茅以升都受到了罗教授的深刻影响,而罗教授也对这位年龄最小的弟子非常欣赏。当茅以升在美国留学即将毕业时,罗教授就寄去了聘请书,希望他回国后到唐院任教。后来茅以升到唐院任教授、校长多年,与罗教授又成了同事和密友。但茅以升一生都尊罗教授为恩师。他离开唐院后,每次到唐山,总要带些表示情谊和尊敬的小礼物去看望罗教授。

在"十年动乱"中,罗教授被定为反动学术权威,于1972年在唐山铁道学院逝世;八年后,合并唐院而成立的西南交大在峨眉山为罗教授补开了追悼会。茅以升因年事已高,未能亲赴参加,特意送去了一副挽联表示深切的悼念:

建侯师座千古:

从学为严师,相知如契友,犹记隔海传书,为促归舟虚左待;

无意求闻达,有功在树人,此日高山仰止,长怀遗范悼思深。

受业茅以升敬挽

5. 李乐知同学

茅以升非常喜爱数学。到路矿学堂不久，他发现一位同班同学对数学比自己更加入迷。这位同学名叫李俨，号乐知，比以升大三岁。共同的爱好很快就将他们二人联结成亲密朋友。

李俨家境贫寒，学习刻苦，成绩优秀，尤其是对数学的领悟能力，超出一般同学。对所能得到的数学书，他都如饥似渴地阅读、钻研。以升经常和他讨论数学问题，得到了不少启发，并在心里把李俨当作榜样。

李俨得知以升祖父的藏书中有不少数学书，假期随以升到南京，专门来阅读这些书。

令以升深感惋惜的是，李俨只在路矿学堂读了一年，就因交不起学费，辍学谋生去了。对李俨的离去，以升感到很大的失落。有一段时间，他不断买书寄给李俨，并终生与李俨保持着亲密的友谊。

李俨离校后，在工作之余刻苦自学，后来成为工程专家和科学家。他的大半生是在修筑陇海铁路中度过的，在实践过程中，他从助理工程师、工程师，升任副总工程师、总工程师。筑路虽然是工程技术工作,但在勘测、设计、施工中经常会用到数学、物理、化学、地质等学科的知识,促使他刻苦自学了多门学科的知识,成为一位综合型的科学家。

因为钟爱数学,几十年来,李俨利用省吃俭用的钱,收集了大量的中国古代数学资料,并潜心研究,成果累累,成为研究中国数学史的先驱和权威。他共写出了 100 多篇关于中国古代数学的论文,并完成了《中国古算史》《中国数学大纲》等数学史专著,有的还被译成俄、英等文字,在欧美出版。

1955 年,李俨到北京担任中国科学院科学史研究室主任(后改称研究所,他任所长),当时茅以升是铁道科学研究院院长,两位老朋友终于可以经常见面。他们还在一起讨论科学问题,相互支持,相互关心。

1963 年,李俨在北京逝世,茅以升非常痛惜,在追悼会上沉痛地致悼词。在以后的岁月里,他一直缅怀这位从一进大学就开始认识的好友。

茅以升对李俨自学成才的事迹和一生好学不倦的精神非常钦佩,认为他是值得热爱科学的青年人学习的好榜样。

三

仅一年时间,他拿到了硕士学位;再业余学习两年,他又拿到博士学位。一位中国学生轰动了两所美国大学。

1. 留学康奈尔

就在茅以升从唐山路矿学堂毕业的同时,北京清华学堂要招考 10 名派往美国的官费研究生,由各大学保送毕业生应考。茅以升由唐山路矿学堂保送,又以考试第一名的成绩被录取,派往美国康奈尔大学土木工程系学习。

1916 年 9 月,茅以升与其他被录取的青年,登上"中华号"远洋客轮,横渡太平洋向美国进发。经过 20 多天的航行,到达美国西部港口城市旧金山。几位青年从这里分手,各自奔赴要去的学校。茅以升乘火车到美国东部的伊萨卡城——康奈尔大学的所在地。

伊萨卡城是为康奈尔大学而兴建的,仅有两万多居民,城市的各行各业都是为康奈尔大学提供服务的。小城依山傍水,风景优美。康奈尔大学校园经过了精心美化,花木繁盛,碧池荡漾,草坪映绿,曲径通幽,真是理想的读书环境。

茅以升到校后,先去注册处报到。注册手续本来很简单,来自各国有名学府的学生,不用进行入学考试就可直接注册。但注册处主任用怀疑的眼光打量着面前这位稚气未脱的中国学生,说:

"唐山路矿学堂?这个学校我们从来没听说过。你要先通过考试后,才能进研究院。"

茅以升初来乍到,还不知道可以免试注册,认为先考试再注册很正常。

考试对茅以升来说相当容易,他的成绩令注册人员大为惊异,想不到唐山路矿学堂这个名不见经传的学校,竟能培养出这样优秀的学生。他们不但热情地给茅以升注册为桥梁专业研究生,而且还作出决定:以后凡是来自唐山路矿学堂的学生,一律免试注册入学。

茅以升的导师贾柯贝教授,是美国工程学界的著名人物。他的《结构学》一书,是当时美国各大学土木工程系的通用教科书。他讲课深入浅出,富有启发性,非常吸引人。

贾柯贝教授很快发现中国学生茅以升思维敏捷,悟性很高,能提出别人不易发现的问题，回答问题也很有见解，因此对茅以升特别器重。他很乐意与茅以升交谈，并邀请以升到他家做客。在闲谈中，茅以升受到了不少启发，学到了许多知识。

康奈尔大学还有其他中国学生，他们大都勤奋好学，成绩优秀。贾柯贝从中国学生身上感受到了中华民族的聪明才智，对中国产生了好感。茅以升回国后，1923年任东南大学工科主任，贾柯贝教授因退休，将他所藏美国土木工程师学会的全套学报，连同书橱赠送给东南大学图书馆，以表达他对茅以升的器重和对中国的友好感情。

茅以升到康奈尔大学仅一年时间，就读完了桥梁专业研究生的全部课程，以优秀成绩取得了硕士学位。

康奈尔大学准备聘茅以升留校当助教。这是许多外国留学生求之不得的好事，但贾柯贝教授却说：

"茅先生，你搞桥梁，光靠理论不行，一定要有实践经验。如果你愿意，我可以介绍你到匹兹堡一家桥梁公司实习。"

导师的话正合茅以升的心意。他当时正遨游在知识的海洋里，求知的欲望非常旺盛。他知道自己虽已拿到硕士学位，但还不足担当设计、建造大桥梁的重任。有这样的实习机会，他当然不会放过。

1917年7月，茅以升来到了匹兹堡市，在一个较偏僻清静的地方租房住了下来。匹兹堡是美国的工业城市之一，以钢铁工业最为发达。这里工厂密集,烟囱林立;地上机器轰鸣,天空烟雾弥漫。

茅以升在匹兹堡桥梁公司实习了一年半时间,每天工作 8 小时。他经历过制图室、设计室、构件工厂、装配工地等工作单位,干过测绘、设计、制图、金属工、木工、油工等多个工种,学到了很多在校园里学不到的知识。

茅以升的实习工资是每月 70 美元。他租住一间民房,每月 14 美元,伙食约 30 美元。这家房东对他非常友好,女主人精心安排他的一日三餐,使他感到既省钱又省时间。他每天早上 5 时起床,6 时出发上班。女房东也很早起床,为他准备早餐,保证不误他的上班时间。

茅以升非常感激这家房东,直到离开美国,他没有再搬第二家。回国后,他一直没有忘记与这家房东的情谊。1982 年他到匹兹堡,还特意打听这家房东,可惜她家早已搬走了。

2. 加里基工学院的第一位博士

匹兹堡有一所加里基工学院,茅以升到桥梁公司后,听说该校的土木工程系有夜校,设有工科博士学位,必修的课程都要在晚间上课。桥梁公司都是白天上班,时间上不冲突,于是他就去报名申请攻读工科博士学位,居然得到批准。这样,他又为自己压上了加倍的学习任务。

　　加里基工学院规定:已经获得硕士学位者,再攻读博士学位,除了必须完成博士论文外,还要修满一门主科和两门副科的学分。茅以升是学桥梁的,主科当然是桥梁工程。副科中一门必须属于自然科学,他选了高等数学;一门必须属于社会科学,他选了科学管理。此外,还要通过两门外语考试。因为是在美国,英语不能算外语,他选了汉语和法语。汉语他当然不用再学,法语他也有相当的基础,不需要怎么努力就能通过。这样,他就可以集中时间和精力攻读其他课程。

　　茅以升是加里基工学院第一位攻读工科博士学位的研究生,也只有他一人选修高等数学。但学校还是为他一人开了这门课。任课教授精心备课,认真讲课,没有因为只有一人学习而露出丝毫应付的态度。茅以升求知欲强,悟性高,也使任课教授感到一种无形的压力。

　　"茅先生,"任课教授说,"给你一个人上课,我丝毫也感觉不到比给一个班上课轻松。"

　　老师一丝不苟的教学态度,使茅以升深受感动。他想,如果我拿不下博士学位,连这位老师也对不住啊!

　　他每天白天到桥梁公司上班,下午5时下班,回到住所吃过晚饭,7时又去上夜校,9时下课,回到房间又独自学习到深夜。

　　他从不放过一分钟时间,上下班路上,工地上的休息时间,吃饭的时候,他都充分地利用。只要一有时间,他就很快进入专心致志的学习状态,机器的轰鸣和人声的嘈杂都干扰不了他。

只用了一年时间,他就修满了各科的学分,比学校规定的时间提前了一年。接下来就是做博士论文,这是他完成学业的最后攻坚阶段。他决定辞去桥梁公司的工作,专攻博士论文。

茅以升选择的研究课题是结构力学中的"次应力"问题。这个问题对于建筑和桥梁工程具有重大的实际意义。他凭借自己扎实的力学和数学知识基础,参考前人的研究成果,把"次应力"这个力学问题归结为一个数学问题,用数学方法进行演绎推论,试图找出最佳方案。他总结了已有的多种方法,比较它们的优缺点,提出一种新的计算方法,将问题大大地简化,更容易找到最佳方案。

1919 年 8 月,他的官费留学期满,按规定应马上回国,但他的研究正处在关键阶段,怎么能半途而废呢?国内停发了他的留学费用,他就用在桥梁公司实习期间积下的一点钱来维持生活,这点钱很有限,他不得不节衣缩食。

恰在这时,他接到家信,得知祖父去世,父亲失业,家中生活困难。他心急如焚,恨不得立即结束学业回国。好在妻子在信中安慰他不必挂念家中,一定要在美国完成学业,家中的困难自有办法克服。这使他稍稍安下心来。

生活逼迫茅以升又加快了他的研究进程。他废寝忘食,达到了拼命的程度。功夫不负有心人,到 10 月初,约 30 万字的博士论文终于完成了,题目是《框架结构的次应力》。

当月,加里基工学院为茅以升的论文举行答辩会。他从容地回答了教授们提出的一个又一个问题,顺利地通过了答辩。答辩委员会一致认为他的论文达到了当时的世界水平,同意授予他工科博士学位。就这样,茅以升成为加里基工学院的第一位工科博士。直到 1936 年,该校才有了第二位工科博士。

茅以升的论文在美国工程界引起了强烈反响,一些知名科学家盛赞他的研究成果。匹兹堡各大报纸都报道了中国留学生茅以升荣获加里基工学院第一个工科博士学位的消息。茅以升在博士论文中的科学创见后来被称为"茅氏定律"。

看到自己的学生在这么短的时间里取得这么可喜的成就,贾柯贝教授非常激动。他将茅以升的论文推荐给康奈尔大学,也赢得了高度评价。康奈尔大学将当年的"菲梯士"金质奖章颁发给茅以升。菲梯士原是该校土木工程系主任,他捐款作为基金,专门奖励在土木工程研究上卓有成就的研究生,每年颁发一枚奖章。

3. 创立中国工程学会

茅以升在美国学习期间,并不感到身处异国他乡的孤独,一个原因是他在追求知识中得到了很大满足，另一个原因是在伊萨卡和匹兹堡汇集了一批中国留学生。他们大多是有志青年，怀抱着学成后报效祖国的强烈愿望，互相激励，互相帮助。他们还组成各种团体，开展丰富多彩的活动。茅以升积极参加这些团体和活动，与许多中国留学生保持着愉快的交往。

他刚到康奈尔大学，就意外地发现在唐山时的亲密同学杨杏佛也在这里，他乡遇故知，自然更加亲热。

杨杏佛是 1912 年被孙中山先生派往康奈尔大学的。他读的是机械工程系，毕业后又到哈佛大学读工商管理和经济学，后又到福特汽车公司学习。

在杨杏佛的引见下，茅以升很快便熟识了伊萨卡城的全部中国留学生。他们中就有中国未来的气象学家竺可桢。原来竺可桢也出自唐山路矿学堂，但由于茅以升和他学的科目不同，竺可桢在高年级，二人在当时并不熟识。竺可桢是 1914 年到康奈尔大学的，学的是气象学。后来他又到哈佛大学学习农学。

这些中国留学生亲身体验到了科学技术在促进美国发展中的作用，痛感中国现代教育和科技的落后，大都抱有教育救国和科学救国的理想。

1915 年，竺可桢、任鸿隽、胡明复、章元善、赵元任、周仁、秉志等人，共同发起组织"中国科学社"，并出版会刊《科学》，每月一期。

茅以升到伊萨卡不久,就加入了中国科学社,积极参加科学社的集会,讨论各种科学和现实问题,并热心为《科学》月刊写稿。

1917 年,茅以升和同学罗英等人在伊萨卡发起成立"中国工程学会",并出版会刊《工程学会学报》,与中国科学社及其会刊《科学》交相辉映。这两个团体经常合在一起开会,进行科学上的探讨和交流。

后来这两个科学团体先后迁回国内,中国工程学会于1932年与詹天佑发起创立的"中华工程师学会"合并,更名为"中国工程师学会",会刊是《工程学报》,茅以升一直是学会的理事,并曾数次筹备和主持学会的年会。到新中国成立时,会员已达一万多人。

茅以升还一直同中国科学社和《科学》杂志保持着密切关系,直到新中国成立初期该社停止活动和该杂志停刊为止。

4. 为圆周率写史

茅以升在少年时期,就对圆周率问题极感兴趣,到唐山后,他开始注意搜集有关圆周率的资料,想写一篇详细的圆周率史,在同学李俨的帮助下,经过两年的努力,文章有了大概头绪,但由于材料太多太乱,再加上功课紧张,结果没有写出来。

到美国后，手头材料稀少，更难详细写出了。但为了支持《科学》杂志，同时有感于我国古代研究圆周率的成就不为世界所知，他将材料删繁就简，写成《中国圆周率略史》一文，于1917年4月发表在《科学》第3卷第4期上。

圆周率就是圆周的长度和它的直径相比的倍数，不管圆的大小如何，这个倍数都是一样的。在西方数学书中，这个倍数的名称写作π，它是希腊文"圆周"的第一个字母。

我国很古就有"周三径一"的说法，即圆的周长是直径的3倍，也就是π=3。但古人一开始就知道，实际数值应该比3要大些。东汉时期，天文学家和数学家张衡计算出圆周率等于10的平方根，即 $\pi = \sqrt{10} \approx 3.16$。

魏晋时的数学家刘徽，用"割圆术"求更准确的圆周率。这种方法是用正六边形、正十二边形、正二十四边形……将圆周等分，一步一步地算出正多边形的面积和周长，一直分到正多边形的边与圆周重合，不能再分为止。这时正多边形的面积和周长就与圆的面积和周长几乎没有差别了。

刘徽是用一个直径为二尺的圆来分割计算的。他只分到正九十六边形，得到圆的周长是六尺二寸八分，与直径二尺约分后，得出 $\pi = \dfrac{157}{50} = 3.14$。

到了公元5世纪，南北朝宋、齐科学家祖冲之又用一种叫作

"缀术"的算法,将圆周率的小数演算到第7位,得到 π 的精确值在3.1415926和3.1415927之间,这是了不起的科学成就。那时世界上印度的 π 值才到3.1416,西欧才到3.141552。

祖冲之还得到了两个分数值:一个是: $\pi=\dfrac{22}{7}\approx 3.14$,称作"约率";一个是 $\pi\approx\dfrac{355}{113}\approx 3.1415929$,称作"密率"。到16世纪,西方才出现与祖冲之的"密率"相同的 π 值。

据说祖冲之也用"割圆"的方法,将圆周分割到3072段,而当时西方用同样的方法仅割圆到384段。

相比之下,中国古代的圆周率计算遥遥领先于世界。茅以升满怀激情地称赞道:

"祖冲之的圆周率,求得精确、漂亮,世上罕见,可谓千古独绝。它佼佼不同凡响,有如云中仙鹤。"

他还骄傲地说,当时印度和西欧要能看到祖冲之的圆周率,应当自愧不如;我国学者如果知道中外圆周率计算的差距,也会感到自豪的。

我国古代称"周三径一"为"古率",称刘徽的数值为"徽率",加上祖冲之的"密率",合称"算书三率"。但由于古代学者以古为尊,认为越古就越有权威性,实际运用以"古率"为先,偶尔也用"徽率","密率"反遭冷落。根本原因是受古代科技水平的限制,在实践中用"古率"和"徽率"就能应付下来。

再加上中国古代注重实用的学问,对纯数学运算不感兴趣,竟没有人继承祖冲之去求更精确的圆周率,甚至连祖冲之的计算方法也失传了。以至于近代许多中国学者不知道祖冲之的圆周率,有的西方数学家认为中国古人只知道"周三径一"。

"古人的心血如流水般消逝,实在令人感慨!"茅以升写道。

《中国圆周率略史》再现了中国古代数学的辉煌成就,昭示了中华民族的聪明才智,同时也表达了作者的民族自豪感。我们可以从中感受到茅以升那强烈的爱国心。

《中国圆周率略史》发表后,很受好评。茅以升又搜集西方研究圆周率的历史资料,回国后写成《西洋圆周率略史》一文,于1921年1月发表在《科学》第6卷第1期上。将两篇文章放在一起看,可以从一个侧面反映出中国近代科技落后的原因。

中国学者注重实用,祖冲之后就再无人去求更精确的π值了。而欧洲自15世纪后,随着近代科学的勃勃兴起,所谓"方圆之学"(求同一面积的一圆一方)成了数学领域里的"显学"。学者们都以能求得更精确的π值为光荣,出现了一个又一个的"方圆学者"。

16世纪初,数学家彼得·米特阿斯求出了与祖冲之的"密率"相同的π值。16世纪中叶,法国的弗朗克斯·费塔说π是个无穷数,并将π值的小数算到了第10位,首次超过了祖冲之。到16世纪末,德国数学家鲁道夫·冯·谢林已将π值的小数算到第35位。他感到不虚此生,遗嘱将这35位数值刻在他的墓碑上。

随后每隔若干年,π的小数就增加几十位、上百位。到1873年,英国数学家山克斯竟将π值的小数演算到第707位。如果不是德国数学家林德门于1882年证明圆周率是个无限不循环小数,欧洲人恐怕还要一直演算下去。

相比之下,此时期的中国,缺少的正是这种在科学上寻根究底的精神。

5. 匹兹堡的"中国夜"

茅以升在美国的三年中,人类正在经历第一次世界大战。美国虽是参战国之一,但它远离战火,不但没受损失,反而大发战争财,促进了国内经济的快速发展。中国也是参战国,结果如何呢?茅以升深为担忧。

1918年秋,在匹兹堡的约40名中国留学生组成了"匹兹堡中国留学生会",茅以升被选为副会长。

这年11月,第一次世界大战结束,美国全国一片欢腾,到处开会庆祝。中国也在战胜国之列,茅以升由衷地感到兴奋。

1919年1月,包括中国在内的20多个战胜国的代表在巴黎开会缔结和约,这就是"巴黎和会"。中国代表在会上提出,取消帝国主义在中国的特权,取消日本政府与袁世凯政府签订的《二十一条》,归还日本在山东占领的中国领土,并取消日本在山东的一切特权。但"巴黎和会"被英、美、法、日等帝国主义国家操纵,拒绝了中国代表的合理要求。

尤其令人气愤的是,日本在山东的利益是在战争中从德国手中抢到的,"巴黎和会"竟要使它合法化,把一个战败国原来在中国攫取的利益转让给一个战胜国,而中国名义上是战胜国,得到的却是战败国的待遇。

对于这样一个极端蔑视中国主权的"和约",腐败无能的中国军阀政府竟准备签字承认。消息传出,中国人民群情激愤,掀起了抗议的浪潮。国外的中国人也无不为之愤怒,以各种形式举行抗议活动,声援国内人民的正义斗争。匹兹堡中国留学生会在当地报纸上一再提出抗议,这些抗议文章都是茅以升执笔写成的。

4月30日,匹兹堡中国留学生会在加里基音乐厅举行"中国夜"宣传活动,当地群众有1500多人参加。茅以升任大会主席。会上宣读了中国留学生的抗议声明,散发了茅以升撰写的宣传小册子。留学生代表发表了慷慨激昂的抗议演说,赢得了全场听众的强烈同情。美国朋友也在会上发言,谴责帝国主义的霸道行径,声援中国人民的正义斗争。

会后,中国留学生表演了中国的传统文艺节目,令美国观众耳目一新。"中国夜"最后在一片锣鼓声中结束，活动取得了满意效果。

第二天，当地各大报纸都报道了"中国夜"的活动，产生了良好的影响。

三天后，国内爆发了五四运动，揭开了中国历史的新篇章，使国外的中国留学生大受鼓舞。

这年11月，匹兹堡中国留学生会举行了第二次"中国夜"活动。会后上演了茅以升编写的话剧《虹》，主题是各国人民紧密团结，争取世界和平，支持中国人民的正义斗争。这次活动又取得了圆满成功。

四

　　尝试启发教学,独树一帜;领导几所大学,成就斐然;创议教育改革,振聋发聩。但是,教育家的声誉抹不去他工程家的理想——为中国建造现代化大桥。

1. 最受学生欢迎的年轻教授

　　1919 年 10 月,茅以升刚完成博士论文,就收到了唐山母校罗忠忱校长的信,信中说一位美国教授聘期将满,希望茅以升回国接替。他立即回信表示接受聘请。

　　12 月 18 日,茅以升登上了返回祖国的轮船。第二年 1 月 4 日回到南京,与阔别 3 年多的家人团聚。他离家时,儿子于越才 1 岁,现在已快 5 岁了。于越瞪大眼睛望着这位陌生的爸爸,怯生生地不好意思靠近。茅以升上前抱起儿子,在亲切的爱抚中,心中不免涌起许多感慨。

　　1920 年 8 月,茅以升赴唐山母校(已改名为唐山工业专门学校)任教授,讲授结构力学、桥梁设计等课程。

在母校的欢迎会上,有人请茅以升介绍他的博士论文。他不愿让深奥的问题冲淡了欢快的气氛,谦虚地说:"那篇东西确实不值一提。"但是大家都想知道他论文中的新思想,一定要他介绍,他也就不再推辞,用很短的时间就把他论文的基本思想生动地介绍了出来。

他深入浅出的介绍赢得了一片赞赏声,罗忠忱先生高兴地说:"我教出这样的学生,以后我的教材也不必大改了。"

1921年,北洋政府将北京邮电学校、交通传习所和唐山工业专门学校合并为交通大学,由交通部总长叶恭绰兼任校长,唐山工业专门学校改名为交通大学唐山学校,任命罗忠忱、茅以升为正、副主任。

茅以升每周上课都在20节以上。他从一开始教学,就努力追求良好的效果,讲课时努力做到概念清楚,逻辑严密,同时注意深入浅出,运用饶有兴味的事例,来解释理论概念,并力求讲清它的实践意义,使学生透彻领悟,融会贯通,不但知其然,而且知其所以然。

他还特别注意与学生建立融洽的关系,常常约请学生到家中做客,征求学生的意见,让学生指出和帮助改正他讲课的缺点。在无拘无束的谈话中,师生情谊加深了,同时他也了解了学生的接受程度。

他还鼓励学生在课堂上向他提出问题,渐渐形成他独具特色的教学方法,用他自己的话说是"学生考先生",这种方法的直接目的是了解学生的学习情况。

每次上课的前 10 分钟,他先指定一名学生就上一次课提出一个疑难问题,从所提问题的深浅就可知道这名学生对课程领会到什么程度,是否作过深入的钻研。如果问题提得好,甚至使他不能当堂回答的,就给学生打满分;如果实在提不出问题,就由另一名学生提问题,让前一名学生来回答。

这种教学方法,大大地提高了学生的学习兴趣和学习效果,促使他们深入思考和钻研。学生提的问题越来越有意义,越来越深刻。问题虽是一个学生提出的,但经过老师的解答,全班学生都受益。

学生提问题的积极性被激发出来后,就出现了这样的情况:大家相互竞争,看谁能难倒老师;于是提出了很多难问题、怪问题。有的问题是茅以升从来没想过的,他就把问题记下来,经过研究后再讲给学生;有些问题对他很有启发,成为他的研究课题。他从这种教学方法中深深体会到"教学相长"的乐趣和益处。

"这种教学方法并无奥妙。"茅以升后来说,"就是实行启发式教学,摒弃灌注式或填鸭式教学。"

茅以升讲的课,不但本年级学生爱听,而且吸引高年级学生也来听,教室常被挤得满满的。

2. 东南大学工科主任

1922 年 4 月,直奉战争一触即发,交通大学被迫解散,唐山学校改称唐山大学,校长换人。5 月,直奉战争爆发。茅以升感到压抑,于 7 月学期结束,辞职回南京,就任国立东南大学教授、工科主任。

当时的东南大学,名师荟萃,集中了我国许多科学家。学校设 5 科 30 系,学科数量全国领先。5 科中的 4 科都有 4 至 7 个系,都有一批一流学者,而工科只有一个机械工程系,师资、设备都较薄弱。在管理系教授杨杏佛的举荐下,东南大学聘请茅以升来主持工科,谋求发展。

茅以升带着振兴东南大学工科的愿望和蓝图,一上任就投入紧张的工作,规划工科的发展。经过短时间的充分酝酿后,他与杨杏佛等 7 位教授联名向校教授会和评议会提出增设土木工程系和电机工程系的议案。

由于议案论证充分,可行性强,校教授会和评议会一致通过。自此,东南大学工科就有了机械、土木、电机三个系;后来虽历经合并变迁,但直到今天,这三个系仍是东南大学的主干系。

随着工科的扩大,茅以升着手进行教学改革,制订教学、科研以及调查、推广的规划，并竭诚延请知名教授，还从国外购置必需的先进设备，用以新建和扩充各实验室，并创办了各系所属的工场。东南大学工科出现了欣欣向荣的局面。

除了繁重的校务外，茅以升每周都要上课20节以上，先后讲授结构力学、桥梁设计、土木学、工程建筑等课程。他的"学生考先生"教学法，效果非常好，引起全校学生很大兴趣。东南大学当时已采用学分制，学生可以自由选课；选听茅以升讲课的不仅有工科各年级学生，还有其他科的学生和教师。因工科的发展才刚刚开始，全部学生只有60多人，但他讲课的教室里总是很拥挤，听课者常常有100人以上。

著名教育家陶行知先生当时是东南大学教育系教授，曾带领本系学生来听茅以升讲"工程建筑"课。

"学生考先生，"陶先生称赞道，"这的确是个崭新的教学方法，开创了我国教育的一个先例，值得推广。"

1924年春，正当茅以升满怀信心，筹划工科的进一步发展时，江苏省公署以本省已有五所工科院校为由，决定停办东南大学工科。而真实原因是浙江军阀连年战争，当地工商业凋敝；政府税收减少，又要支付巨额军费，财政陷于困境。

东南大学董事会也因资金筹措困难，事先没有征求工科意见，就同意了省公署的决定，做出了停办工科的决议。

消息传出，全校震惊，茅以升更是痛心和愤慨。他一年多的心血,转眼之间将付诸东流。他不能理解,这么一个符合社会需要,刚刚进入良好发展状态的学科,为什么说停办就停办了呢?工科全体师生在精神上、时间上、学业上要遭受多大损失!他当即奋笔上书校长,并请转校董事会,要求复议。

"此次工科存亡问题何等重要,竟草率通过,使科主任无发言之余地。"他愤慨地写道,"准此以观,则凡他科他系均可任意废止,大学前途,何堪设想!"

学生和教职员也分头集会,要求校方坚决抗争。

校长郭秉文也不愿停办工科,他恳请校董事会保留工科,同时上书省长韩国钧,陈述东南大学工科的历史、现状与成绩,请求不要摧残,希望大力扶持,以保全东南大学的元气。

在校内舆论的压力下,校董事会于5月重新审议停办决定,结果仍然维持原决议。师生情绪更加激愤,学生表示"誓不离校"。6月,董事会又开会复议,会上出现严重的意见分歧,议而无决。事情处在僵持状态中。

茅以升心急如焚,亲赴北京,向最高当局当面陈述,要求保全东南大学工科。

3. 河海工科大学校长

1924年6月,南京河海工程专门学校发生了学生罢课请愿事件,促使东南大学工科停办风波得到了变通解决。

河海工程专门学校创办于1915年,是我国第一所培养水利专门人才的高等学校,隶属于全国水利局,经费由河北、山东、江苏、浙江四省分摊。学校没有自己的校园,校舍全靠租借,曾几次搬迁。师生居住拥挤,非常不满,终于爆发了这次罢课事件。

罢课学生提出四点要求:(一)撤换校长;(二)迁移扩充校舍;(三)改进校务;(四)更换校名,称大学。并派两名代表进京向全国水利局请愿。水利总长亲赴南京处理此事。

江苏省公署与水利总长经过反复商议,决定将东南大学工科与河海工程专门学校合并,改组为河海工科大学,隶属于全国水利局,由茅以升出任校长,经费仍由四省分摊;迁移校址,扩充校舍;东南大学工科学生或留在河海工科大学,或转入本省其他工科学校,或放弃学业,由自己选择。

这样的处理结果,各方都比较满意,两场风波得以平息。

茅以升到任后,立即着手整顿校务,加强教学,进行改革。学制由原来的四年改为五年,调整了课程设置,增加了招生人数。校址由中正街迁至三元巷洁潀园。这里原是清朝两广总督袁海观的府邸,房舍宽敞,景致优雅,是个读书的好地方。根据教学需要,学校又新建了水槽和水工实验室,扩充了图书、仪器设备,在很短的时间内,新成立的河海工科大学便呈现出蒸蒸日上的景象,校长茅以升的威望也越来越高。

1925 年春,交通部总长叶恭绰几次来信,坚请茅以升到交通部任职。茅以升开始无意接受邀请,后来才考虑到,自己是学造桥的,早年的理想是建造桥梁,交通部主管全国筑路造桥,也许到交通部后,这个理想能够实现。于是他向全国水利局提出辞呈,获得准许,待学期结束,于 8 月赴北京,任交通部技正兼育才科副科长。

这是茅以升到机关任职的开始,在以后的岁月里,他还曾担任过财政部工业司帮办、江苏省水利局长、全国经济委员会水利处长等行政职务。中华人民共和国成立后,他回首往事,对自己的机关工作深表懊悔,用"经纶满腹,一事无成"八个字来总结。他懊悔把大量的时间和精力花在了繁庸的机关事务上,浪费了学识和才华,没能在科学研究和工程建设上取得更大成就。

其实,茅以升在机关工作中,还是做了很多有益的事情。再说,一个人有怎样的经历,要受客观环境的制约,不可能完全随主观意愿。茅以升的懊悔充分表现了他对人生事业永不满足的追求精神。

4.创议教育改革

茅以升熟悉欧美的工科教育制度。中国的国情与欧美差异很大,却完全照搬欧美教育制度,造成人才培养与人才需要的严重脱节。

在多年的教育实践中,茅以升越来越清楚地看出了这种教育制度的弊端,开始探索工科教育改革问题,并初步形成了一套独特的工科教育思想。

1926年9月,南洋大学(上海交通大学的前身)庆祝成立30周年,邀请茅以升为该校纪念刊写稿,他写了《工程教育之研究》一文,系统地表述了他的改革思想。

茅以升指出,人类求知的欲望,来源于实践的需要,所以先有实践,后有理论。而现在的工程教育,是假定理论先于实践,把基础理论课置于专业课之前;每门课程的内容,也是先讲理论,后做实验。这种程序,不符合人的认识规律。学生不知道精深的理论用在何处和怎样应用,不但减少了学习兴趣,而且对所学理论也不能透彻理解。

他首先提出,工程教育的最大目的是培养工程师,此种人才,应具备下列条件:(一)善于思考;(二)善于文字表达;(三)善于口头表达;(四)有自知之明;(五)明白所处环境;(六)知道所学知识的来龙去脉和运用方法;(七)要有经济头脑;(八)品德纯正,牢牢树立服务精神。

学校培养出来的学生,将来能否成为一个成功的工程师,主要看他适应社会的能力和服务社会的效果。因此,茅以升在方案中又提出了工程人才成功的六要素,依次是:品行、决断、敏捷、知人、学识、技能。他认为当时学校教育只注重最末的学识和技能两项，却忽视了更重要的前四项。

茅以升对教师提出了很具体的要求：教师在讲课时，要多引用学生日常见到的事物，以增加学习兴趣。教师在讲带试验的课程时，应适当变动讲解次序，先从试验入手，使学生获得感性认识，自己领悟其中的道理，然后教师再加以总结。这样学生必能迅速掌握所学知识。

针对不同课程内容相互重复的现象，他要求教师不要只管教自己的课，而应对几门课程通盘考察，将相类似的内容加以合并，以精简课程内容，提高学习效率。

除此之外，他还特别要求教师重视培养学生的经济头脑和社会交往能力，并经常注意研究学生心理，发现问题，立即矫正。

为了培养学生的实际能力，茅以升特别重视"实习"一环。他认为美国辛辛那提（Cincinnati）大学首创的半工半读（实习和读书各占一半时间）方法最好。这种方法是将学生分为两组，定期轮换派往学校附近的工厂，并派教授跟随指点，保证理论和实践能完全沟通，相互验证。学生在毕业之前已获得较多的工作经验和社会经验，毕业后就能很快适应工作和社会，容易走向成功。

茅以升注意到，工程师的职业，整天与物质材料和数字打交道，时间一长，往往显得生活枯燥，行为机械，进而养成胸襟狭隘，生活观念错误，不能应付复杂的情境，不能领悟人生的真谛。针对这种情况，他建议用具有陶冶性情作用的文化学科来弥补，认为这也是工科教育的一个方面。

总而言之，茅以升要求于工科教育的，不仅仅是培养具有某种专门知识和技能的人，而是把培养健全的人格、宽阔的胸怀和远大的事业心放在更重要的位置。

茅以升对当时中国的工程教育与实际需要的脱节状况非常焦虑。全国工科院校每年的毕业生本来不多，但由于我国工业落后和工程界崇拜欧美，怀疑我国的工程教育，造成许多工程人才学非所用，或者找不到工作。

茅以升最感痛心的是，毕业于工科院校的多数优秀人才，都集中在教育界。如果是在工科院校教书，还不能说学非所用。他们中的大多数为生活所迫，不论什么学校都成，既不以工程为专业，也不以教育为事业。

还有那些在政府机关任职的工科毕业生，大多沾染了一身官僚习气，一心只谋求高升，忘记了自己所受的教育。

为了弥补我国工程教育与工业界的脱节状况，茅以升提出：工程教育要首先改革，一定要使入学新生有工程师的志愿和资质，毕业生有工程师的技能和品德，献身于工程事业，一心一意为工业界服务；工业界也要认识到自身素质还处在较低水平，需要高等技术人才。最终达成工业界与工科院校的相互接近，建立彼此需要的关系。

1926 年 12 月,《工程》杂志转载了茅以升的《工程教育之研究》,引起了工程教育界的重视,但是,在那守旧势力十分顽强的时代,虽然支持者大有人在,也终究无法得到推行。

茅以升的工程教育改革思想,并不只是纸上谈兵,在他的教育生涯中和职权范围内,他都立足于现实条件,尽其所能加以尝试,也确实取得了一定的成效。并且,他一直没有放弃对工程教育改革的思考,到新中国成立后,他又提出了更加成熟的教育改革思想。

5. 北洋大学校长

1926 年 2 月,唐山大学发生学潮,交通部任命茅以升为唐山大学校长,前去处理学潮。茅以升在唐山大学有很高威望,派他去当然最合适了。但茅以升明显偏向进步学生,引起了反动、保守势力的非议。他顶住压力,处理完学潮后,即愤然辞职,回到交通部。在唐山大学任校长才 3 个月。

1927 年 2 月,茅以升接受北洋大学校长刘振华的邀请,到天津北洋大学代课,不久,受聘为专职教授。此后直到 1933 年,他的大部分时间是在这所大学度过的。

北洋大学创建于 1895 年,开始叫北洋西学堂,是我国最早的一所工科大学。我国许多工程技术领域都是这所大学开创的。这所大学培养出许多优秀工程人才，输送出许多留学生。它的工程专业数量和质量以及知名度在当时全国领先。

1928年，北平大学区成立，北洋大学改名为北平大学第二工学院，茅以升被任命为院长。后北平大学区撤销，又改名北洋工学院，他仍任院长。

他刚任院长时，学校因时局动荡和学潮的影响，长期停课，元气大伤。他苦心经营，大加整顿，很快使学校的教学和管理走上正轨。这一年，他被选为中央研究院院士。

1929年3月，学校一座教学大楼起火，地质科和工矿科的设备几乎全部被毁，无法继续正常上课。茅以升心急如焚，四处奔走，争取到10万元拨款，购置设备，重建大楼，很快恢复了正常教学。

当时，教授到外面兼课是普遍现象，谁也不以为怪。茅以升为保证本校的教学质量，劝专职教授们不要外出兼课。这项动议遭到一些教授的强烈反对，在管理层也得不到支持。他愤然辞职，回到南京。

到南京不久，他就被任命为江苏省水利局局长，回镇江规划、主持建设象山新港。

1931年7月，淮河发生水患，持续将近两个月，茅以升规划治水防灾，工作非常紧张。8月31日，忽然狂风大作，卷起巨浪猛烈冲击淮河大堤,高宝一带河堤被冲垮30多处。他作为省水利局局长,感到很惭愧,与建设厅厅长一起引咎辞职。

1932年1月,他应邀到天津,任大陆银行实业部主任。稍后又在北洋工学院兼课。8月,受聘为专职教授,随即辞去大陆银行职务。

几年来南北奔波,工作频繁变动,茅以升渐渐感到厌倦。他的理想是为中国建造大桥梁,但回国已10年有余,还没有找到实现理想的机会。稍令他感到安慰的是,他的教学和管理才能出类拔萃,已成为教育界名人。

就在茅以升对自己建造大桥梁的理想感到绝望的时候,机会却突然出现在他的面前。

五

杭州民间流行一句谚语——"钱塘江造桥",用来形容一件不可能成功的事。他来杭州,就是要做这件不可能成功的事。

1. 受命造大桥

1933 年 3 月,正在北洋工学院教书的茅以升收到一份电报和一封长信。发信人是他在唐山路矿学堂时的同学,现任浙赣铁路局局长杜镇远。信中说:

"浙赣铁路已从杭州修到玉山,一两年内就能通到南昌。浙江全省的公路也已经有 3000 公里,正与邻近各省连接。无奈钱塘江将浙江省分为东西两部分,铁路、公路无法贯通,不但限制了一省的交通,而且对全国也大有妨碍。建设厅厅长曾养甫想推动各方,在钱塘江上兴建大桥。现在时机成熟,他准备将这个重任托付给你,特请我向你转达这个消息,请你见信后,立即来杭州,与曾养甫当面商谈一切事情。"

茅以升读完信,万分激动。这机会简直是从天而降!

激动过后,他开始冷静思考种种问题:

造这么大的桥,要花多少钱!南京国民党政府的许多建设计划,都是纸上谈兵,难道浙江一省能有这么大的实力吗?

曾养甫这个人,只见过几次面,印象不错,但并无交往,他怎么会这样信任我?最终会把造桥重任交给我吗?

更重要的是,钱塘江以险恶著名,在这江上造桥,自己能胜任吗?

正在他疑虑之际,又收到了在美国留学时的同学、浙江公路局局长陈体诚的信。信中劝他说:

"我国铁路桥梁,过去都是外国人包办的,现在我们自己有造桥机会,千万不可错过!"

陈体诚的话勾起了茅以升对我国近代筑路史的痛心回顾。

从 19 世纪 70 年代我国开始有铁路,筑路权大都被帝国主义列强所垄断。他们划分势力范围,没有通盘规划,只想避难就易,尽快得利,不求一劳永逸,经久耐用。例如郑州黄河桥,由于基础不牢固,洪水季节,要从远处运来大量碎石抛进河里,保护桥墩,火车还要减速过桥,有时甚至中断行车,火车开到岸边,乘客要下车步行过河,再上对岸另一列车。

还有些交通要冲,如武汉、南京,两岸铁路早已修到江边,却不造跨江大桥,长期依靠轮船中转,耗费人力、财力和时间,一遇洪峰或风暴,轮渡也被中断。

更痛心的是,由于长期受制于外国人,许多中国人都不相信中国人能够独立建造大桥梁。

想到这里,一股为中国人争气的热情涌上心头。他抛弃了一切顾虑,立即向学校请假,鼓起勇气南下杭州,商谈建桥大事。

到了杭州,茅以升先见到了杜镇远、陈体诚、竺可桢等老同学。竺可桢这时是浙江大学校长。他们都劝茅以升一定要接下建桥重任,千万不要推辞,并向他解释说:浙江是比较富庶的省,铁路、公路都在积极兴建,钱塘江造桥是当务之急;曾养甫这个人很有魄力,政治上有后台,和江浙财阀交往很深,由他发起造桥,加上各方赞助,肯定能够成功。

朋友们的恳切劝说,寄托了对茅以升的信任和期望,更增加了他的信心,于是他欣然去见曾养甫。

曾养甫正在发高烧,在病床上会见了茅以升。

“钱塘江上造桥,是全体浙江人多年的愿望。”曾养甫说,“我一来杭州,就想推动各方,做成这件事。我看主要问题有两个:一是钱,二是人。不仅要想尽办法去筹款,而且有了款,还要有人会用,才能把桥造起来。”

茅以升认真地听着。

“关于筹款的事,”曾养甫继续说,“看来很有希望;关于主持造桥的人,我也考虑了好久,最后决定请你来担任。你如果肯答应,我们共同努力,这事就更有希望成功。"

"将来经费我负责,工程你负责,"曾养甫加重了语气,"一定要把桥造好,作为我们对国家的贡献,你看如何?"

听了这一番坦率、恳切的话,茅以升很受感动,当即表示接受这一重托。

曾养甫感到振奋,紧接着问:"我们能不能一言为定,决不反悔?"

"一言为定,决不反悔!"茅以升斩钉截铁地回答。

"不过——"茅以升稍后补充说,"最关键的是,我们能不能战胜在钱塘江上造桥的困难。如果不能,接受这个任务就无从谈起了。"

"这个我明白,"曾养甫说,"你是桥梁专家,究竟能不能造桥,当然要由你来决定。"

"造桥所需的资料,"茅以升问,"是等我以后再收集呢,还是先做些准备?"

"建设厅已经成立了一个专门委员会,正在做这个工作。"曾养甫回答,"除了收集已有的水文、地质、气象资料外,并在可能建桥的地址,进行了江底的地质钻探。所有这些,当然都是初步的,可以供你参考,将来你还要大量补充。"

"我马上研究这些资料。"茅以升说。

"哦!"曾养甫好像突然想起了什么,说,"有个情况,需要向你解释一下。我已将一些建桥的工程资料,寄给了美国专家华德尔,请他作一套钱塘江桥的工程设计。"

"这是为什么?"茅以升大惑不解。

"你不必在意。"曾养甫笑了笑,说,"这是由于政治原因。现在好多人都迷信洋人。华德尔是铁道部的顾问,让他作设计,他就不会反对我们修桥了,而且还可利用他的招牌来筹款。至于他的设计用不用,你尽可斟酌。我很希望你能做出比他更好的设计。"

后来,茅以升的设计和华德尔的完全不同。但曾养甫与铁道部交涉和向银行筹款时,总说是根据华德尔的设计略加修改。直到经费有了着落,他才理直气壮地宣传说:"钱塘江大桥完全是我们中国人自行设计的!"

2. 险恶的钱塘江

茅以升没料到和曾养甫谈得那么顺利,所以请假时间较长。在剩下的时间里,他研究了曾养甫提供给他的资料,并到钱塘江作了一些实地调查。

钱塘江,简称钱江,此外还有浙江、渐江、曲江、之江、广陵江、罗刹江等别名。它发源于安徽的凫溪口,上游名新安江;与兰江会合后,流向桐庐,名桐江;再流往富春(今称富阳),名富春江;又流到杭州,才叫钱塘江;最后由杭州东流入海。

为什么江名"钱塘",是因为杭州在古代名"钱唐",唐代因避讳国号,改"唐"为"塘"。

上游的新安江,不过是普通河流,再往下流,江面越来越宽阔,到杭州成为大江,最宽处达3公里。从杭州入海,经过千百年的冲刷淤积,先形成杭州湾,后更扩大成喇叭形的王盘洋。

钱塘江在上游山洪暴发时,江流滚滚;在下游海潮上涨时,波涛汹涌。如果山洪与海潮上下并发,更是翻腾激荡,势不可当。有时台风袭来,辽阔的江面浊浪排空,最为凶险。

司马迁在《史记》中记载,公元前210年,秦始皇出游到钱塘江,正逢江水汹涌,无法可渡,只得向西120里,从狭窄处渡过。

唐代诗人施肩吾在《钱塘渡口》诗中提到这件事,好像很不理解地问,秦始皇为什么不修一座桥呢?

是呀,秦始皇是历史上多么不可一世的皇帝,连万里长城都修起来了,何况区区一座桥呢?

但是,要在钱塘江上造桥,谈何容易!除了江面上的狂风巨浪难以战胜外,江底的泥沙,又是一大障碍。它非常深厚,在水流的冲刷下不断流动,使江底变幻莫测。

根据古代文献记载:钱塘江之所以叫罗刹江,是因为江中有一块罗刹石，高大陡峭，经常撞破船只，可是到了五代十国时期，已经被泥沙埋没，后人连它在哪里都不知道了。由此可见，江底的泥沙是多么深厚。因此，杭州民间有"钱塘江无底"的传说，这个"底"是指泥沙下的硬底。

钱塘江的水、土、风都不比寻常，在这里建桥，可能吗？在杭州民间，如果有人认为某一件事不可能做成，就会说一句"钱塘江造桥"，或者说一句"两脚跨过钱塘江"。

曾养甫约茅以升来杭州，就是要做成这件不可能成功的事。

一条江河的形成，是水、土、风这三个因素相互影响的结果。一座桥是建在水、土之上，又受风的影响。它的建成，就是克服了水、土、风的阻碍。因此，在桥的设计之前，必须收集关于水、土、风等自然现象的一切资料，这就是水文资料、地质资料和气象资料。

茅以升从曾养甫提供的资料中，初步了解到钱塘江自然现象的整体情况，结合自己的调查，经过认真分析后，得出一个结论，在适当的人力、物力条件下，从科学方面看，"钱塘江造桥"是可以成功的。

在回天津之前，茅以升又和曾养甫谈了几次话，曾养甫一提到造桥，总是滔滔不绝，强调势在必行。他生怕茅以升心存顾虑，一再声明："造桥工程完全由你负责，我决不干涉。"当茅以升把调查研究的结论告诉他时，别提他有多么高兴了。

最后,茅以升和曾养甫约定,回天津后就辞去北洋工学院的教职,学期结束后就来杭州。

3. 组成建桥班底

1933 年 8 月,茅以升再来杭州,开始钱塘江桥的筹建工作。浙江省建设厅成立了"钱塘江桥工委员会",茅以升任主任委员。稍后,浙江省政府又成立了"钱塘江桥工处",茅以升任处长,直到新中国成立时,他一直挂着这个"处长"头衔。

桥工处刚开张的第一件事就是要组成建桥的领导班子和技术班子。当时中国没有自己专门的建桥技术队伍,茅以升过去在学校工作,也对此毫无准备。好在他平时交往广泛,注意这方面的人才,与他们都有些交谊。曾养甫已把用人全权都交给了他,于是他用人唯贤,精选人才,一个一个地请到杭州来。

他首先想到的是老同学罗英。"有罗英来和我合作,共同指挥建桥工程,我就更加胆壮了。"他对自己说。

罗英,字怀伯,与茅以升、郑华是美国康奈尔大学的同班同学。回国后,郑华曾负责修建南京浦口间的轮渡,后来经商去了。罗英一直在铁路、公路部门工作,已修建过几座桥,经验丰富,当时是山海关桥梁厂的厂长。接到茅以升的邀请,他立即辞职来到杭州。

那时的惯例,工程机关的首长都兼任总工程师。茅以升出于对罗英的尊重和信任,请他担任钱塘江桥的总工程师。他们二人在建桥过程中肝胆相照,甘苦与共,合作非常融洽,并成为事业上终生的亲密伙伴。

除了请罗英帮助负责整个工程外,茅以升还请到了梅旸春、李学海、李文骥、卜如默四位资深工程师,分别负责建桥工程的各个环节。他们之下,还有一批得力的工程技术人员。

茅以升知道,钱塘江的工款来之不易,所以他尽量减少用人,组成一个非常精干的机构。全面开工后,全处包括行政杂务人员总共还不足 60 人。

罗英在 1935 年向外界介绍的《钱塘江桥工程大概》一文中这样写道:"大桥工程均分工合作,工作人员均属年轻有为之士,日夜工作……钢架工作由工程师梅旸春指导,混凝土工作由工程师李学海指挥,打桩工作由工程师卜如默监理。作者虽负工程上责任,但全部事项,概由本处处长茅以升博士指挥而总其成。"

茅以升当然是建桥班子的灵魂和主脑。但他从不把建桥的功绩据为己有,一再强调"钱塘江桥是集体创作",并把罗英的功绩摆在首位。

1941 年,中国工程师学会在贵阳开会,为表彰茅以升修建钱塘江大桥的功绩,学会授予他荣誉奖章。他在致辞中说:"这个奖章应为罗英先生和全体职工所共有,我只是一个领奖代表人。"1946 年,他撰写大桥纪念碑文,将桥工处所有同事以及为建桥而遇难殉职的职工姓名都一一列入。

4. 精心设计

桥工处的组建刚初具规模,钱塘江桥的工程设计也随之开始。

一项好的工程设计,必须体现经济、坚固、方便、美观的原则。茅以升面前摆着美国专家华德尔的设计方案,根据这个方案,建桥费用为当时银圆 758 万元。如果我们自己的设计方案费用超过华德尔的,很有可能被否决掉。茅以升也深知筹款的艰难,所以他的设计要力求少花钱。

首先是桥址的选定,就很费了一番推敲。杭州市区以上多是山区,河道较窄,是造桥的有利条件,但离市区太远,很不方便,而且铁路还要穿越隧道,工程量浩大。市区以下多滩地,江底泥沙冲刷严重,河道主流不固定,如修在那里,除正桥、引桥都要加长外,河中的施工难度也太大。

茅以升最后把桥址定在杭州市区西南的闸口月轮山旁边,正当江流被山所阻而转折处的下游。这里江面较窄,主流稳定,地质条件相对较好,一部分桥墩可以直接建在岩层上,既牢固又省钱。这里的江面宽度，平时约 1200 米，大潮时约 1500 米，可以通过整治堤岸来约束江流，把江面宽度缩为 1000 米。这样便可大大缩短桥的跨度，又可节省一大笔钱。

桥址选在这里也很有艺术眼光。月轮山上是六和塔，以高耸古朴的宝塔，与彩虹般的大桥相映成趣，为杭州的妩媚山水更添美景。

大桥确定为铁路、公路两用桥。华德尔的设计采用的是单层联合桥形式，铁路、公路、人行道三种路面同层并列。茅以升认为这种设计桥孔小，桥墩多，不适合钱塘江的水文、地质条件，在桥身稳定和运输要求上都有问题，而且水上工程量太大，增加了桥的造价。

他与罗英反复研究，曾设计出 6 个方案进行比较，与桥工处工程技术人员一起讨论，终于确定下最佳方案。

根据这个方案，大桥全长 1453 米，江中正桥 1072 米，北岸引桥 288 米，南岸引桥 93 米。大桥采用双层联合桥形式，下层是单线铁路，上层是双线公路及人行道。正桥 16 孔，每孔跨度 67 米，钢梁采用强度高而重量轻的合金钢，长度一致。北岸引桥 3 孔，南岸引桥 1 孔，都用 50 米的钢拱梁和钢筋混凝土的框架及平台组成。

这种双层联合桥，在我国还是第一座。

江底的软石层，最深处在平常水位下 50 米。软石层上是流沙覆盖层,厚达41米,再上面是江水,深约9米。江面上通行船只的高度定为10米。再上就是钢梁,高10.7米。最上面是公路和人行道。从江底软石层面到公路面,高约71米,比一孔正桥的跨度的距离还大,这在世界上也是罕见的。

设计中充分估计到了建桥的基础工程特别困难,最大的问题是江底流沙冲刷非常厉害。一般的桥墩结构,很可能抗不住冲刷而倾斜倒塌,必须采用特殊的桥墩结构。再一个问题是,江底泥沙下面的软石层承载力不大,而从公路面以下的71米高的建筑物,是要建立在这石层之上的。怎样使这石层能安稳地承载呢?设计中用"打桩"的办法来解决这个问题。用30米长的木桩打进软石层,每个桥墩用160根。木桩上面再做钢筋混凝土桥墩。正桥桥墩全是空心的,下面有墩座,上面有墩帽来承托钢梁。

在设计中还要考虑美观的要求,使全桥各部分方圆配合,色彩协调,主次分明,浑然一体。北岸引桥背山面水,附近有名胜古迹六和塔。准备桥建成后,在桥头两侧,绿化江岸,开辟为"钱塘公园"。

钱塘江大桥是浙江省南北铁路、公路交通要冲,直到今天仍在担负着繁重的运输任务,半个多世纪的历史已经充分地证明了这种设计的坚固性。至于它在美观上所达到的艺术水平,直到现在,国内还罕有能与之相比的。

5. 筹款曲折

根据桥工处的设计方案,大桥全部经费估计需要当时银圆510万元,当时合美元约163万元。这么点钱要修那么大一座桥,现在想来令人不可思议,但在当时,却是一个大得惊人的数字,特别是要由浙江一省承担,筹集起来就更困难。

曾养甫在提出修桥动议之前,就先有一个筹款计划。他根据这个计划去游说浙江财阀,并以"造福浙江人民"相号召,先后说动五家银行答应借款。这5家银行组成银团,与浙江省政府订立了借款200万元的合同,规定以全桥资产作抵押,所有本息,将来由"过桥费"归还。

正是有了这笔钱,才成立了桥工处,进行设计和做开工准备。

其余的300多万元,曾养甫凭借他的人事关系继续活动,居然也有了着落。

那时国民党政府铁道部因要完成沪-杭-甬铁路,正在和英国谈判借款,忽然发现浙江省要建钱塘江大桥,马上意识到,沪-杭-甬铁路中间夹着一座大桥归浙江省管辖,将来好多事情都会受到浙江省的挟制。如果让浙江省把桥修好,将来就更无法统一了。

铁道部部长顾孟余一面布置和英国人商量增加借款数额，一面来和曾养甫谈判，提出钱塘江大桥由铁道部和浙江省合建。曾养甫本不愿让铁道部插手，但顾虑铁道部利用统管全国铁路之权来挟制浙江省，就答应了下来。这样他就不需要再借300万元了。

顾孟余又提出，将铁道部的负担增加，全部建桥经费铁道部负担70%，浙江省负担30%，曾养甫也同意了。因此，所有大桥工款，每次拨付时，都是由铁道部和浙江省按这个比例办理。

后来大桥完工通车时决算，共费工款540万元，铁道部拨付370多万元，浙江省拨付160多万元。

随着铁道部与浙江省合作建桥，桥工处也改由双方共同管辖，由铁道部和浙江省各派代表一人，共同行使监督权。曾养甫是浙江省代表，后来他到铁道部做次长，名义上还是浙江省代表，实际由新任建设厅厅长负责，他对桥工处也很支持。

双方合作后，桥工处的设计方案要经双方分别审查核定。铁道部始终想把浙江省挤出，就首先在设计方案上吹毛求疵，提出许多问题要推翻桥工处的设计，茅以升据理力争，对所提问题和指责一一解答和反驳。铁道部理屈词穷，最终批准了桥工处的设计。

贷款给铁道部的英国"中英银公司"对中国人自己造桥不放心，要求让沪宁铁路的英国总工程师和会计处长，分别兼任桥工处的副总工程师和会计,铁道部和浙江省都同意了。建桥的一切财务账据都要经过这位英国会计签字才算有效。

中英银公司的借款,是由代表它利益的"中国建设银公司"出面发行公债筹集的。借款合同在大桥开工后才签订。

1935年夏季的一天,中国建设银公司负责人宋子良突然来电话,约茅以升立即到上海,有要事面谈。

"中英银公司的铁路借款合同,再有两天就在上海签字。"宋子良一见茅以升就说,"但是其中关于钱塘江借款部分,现在发现了一个大问题无法解决,因此,建桥工程的借款,这次来不及包括在合同里了。"

茅以升大吃一惊,说:"这不是釜底抽薪吗? 什么问题?"

"浙江省和五家银行签订的借款合同,已经把钱塘江桥的全部财产都作了抵押,现在中英银公司的借款,如果建桥工程不包括在内,用什么作抵押呢?"

银行借款总是要有抵押的,茅以升知道这是国际惯例。心想,真糟糕,现在大桥正在紧张施工,全靠铁道部和浙江省的拨款,如果铁道部扯后腿,全盘计划就动摇了。

"还有什么补救办法吗?"他问宋子良。

"除非对浙江省向五家银行借款的合同加以修改,把全桥抵押,改为按浙江省该负担经费的比例抵押,"宋子良说,"但是今天离与中英银公司的合同签字时间,只隔两天了,这如何办得到!"

茅以升顿时怒从心头起,直想冲宋子良大发火:"你这话为什么不早说,好让我们准备,快到节骨眼上才突然提出,这不是有意捣乱、搞阴谋吗?"

但他强压着怒火,没把这些话说出口,现在关键的问题是尽快筹到钱,他还不敢得罪这位"财神爷"。

"假如浙江省与银行的合同,能在两天内修改,行不行?"他怀着一线希望问。

"当然行!"宋子良回答。

茅以升匆匆赶回杭州,向浙江省政府和建设厅报告此事,立即与五家银行接洽,日夜赶办修改合同的事。想不到事情竟然很顺利,仅仅两天时间,一份新的合同签订完毕。

第三天清早,茅以升把新合同文本送到了宋子良面前。宋子良吃了一惊,一时无话可说,只好答应把钱塘江桥工程的借款,也包括在沪-杭-甬铁路的借款写到合同中去。

茅以升本来只负责造桥工程,完全可以不管借款之事。但建造大桥是他多年的理想,他已为钱塘江桥付出了大量心血,如果半途而废,就意味着他的理想破灭,心血白费。

为了建桥,他把许多工程技术人员请到杭州来,如果工程半途而废,怎样向他们交代!

外国人和许多中国人都说:"中国人没能力造钱塘江大

桥。""他们肯定要失败的。"如果半途而废,岂不更长了洋人的威风,灭了中国人的志气吗?

所以,对任何妨碍造桥的事,茅以升都不会袖手旁观。在整个建桥过程中,他管了许多不属于他管,又不得不管的事。

6. 开工典礼

桥工处是由工程技术人员和管理人员组成的,既无机械设备,又无施工队伍。建桥要采用当时通行的办法——招商承包。

招商承包采用公开招标的方法,结果有四家公司中标:正桥钢梁,英国的道门朗公司中标;正桥桥墩,丹麦人康益的康益洋行中标;北岸引桥和南岸引桥的中标者分别是中国的东亚建筑公司和新亨营造厂。

茅以升很想利用建造钱塘江桥的机会,培植本国的承包商,为以后我国独立建造大桥积蓄力量,但最后还是把最重要的钢梁和桥墩工程交给了外国人,这确实是迫不得已。因为所需钢梁强度高而重量轻,本国不能生产;桥墩是水中工程,需要机械设备多,以前的同类工程,都是外国人承包,所以他们有这个能力,而中国承包商的实力就差得远;况且工程期限紧迫,容不得本国承包商从容准备。来投标的还有另外 6 家外国公司,茅以升还是尽了最大努力,把两岸引桥工程包给了本国厂商。

按照计划,大桥工程自开工起,两年半内完成,各承包商都接受了这个期限。桥工处正准备与承包商签订合同,曾养甫突然把茅以升叫去,说:

"我看大桥工期必须缩短,原定的两年半,从现在算起要到1937年夏才完工。这两年内,国际形势变幻莫测,中、日之间的局势日益紧张。大桥关系重大,越早完工越好。我的意思是:现在中标的厂商还没有签约,你去同他们商量,将工期尽量缩短。你看行不行?"

"要缩短多少时间?"茅以升问。

"把两年半改为一年半!"

茅以升倒吸了一口冷气。计划两年半完工,已是很紧张了,现在要改为一年半,可能吗? 但曾养甫是在为国家着想啊,一旦中、日战争爆发,大桥是多么重要啊! 想到这里,他已经不管可能不可能了,回答说:

"我们桥工处当然尽力,但关键在承包商,尤其是承包正桥桥墩的康益,必须缩短他的工期,别人才不成问题。"

"你去和他谈判,"曾养甫说,"宁可提高包价,也要将工期缩短!"

茅以升立即与各承包商接洽,要求缩短工期,并提出,合同中除了规定延期罚款外,还要添上提前完工,按日给奖。各承包商都表示难以办到,反而要求将开工日期移到明年,以便他们筹办工具设备。

"不行!"曾养甫听完茅以升的汇报,坚决地说,"工期一定要缩短,而且一定要在 11 月 11 日举行开工典礼!"

11 月 11 日是第一次世界大战结束的和平纪念日,茅以升一想,只剩下几天时间了。他不得已使出撒手锏,威胁承包商说,如果不同意缩短工期,桥工处就只好另请高明了。有三家承包商怕丢了到手的生意,勉强同意了;只有康益软硬不吃,直到 11 月 10 日还没有接受。

曾养甫坐不住了,不得不亲自出马,约康益到他家开会,参加会议的有茅以升和罗英、铁道部的代表、浙江省建设厅的官员。经过通宵谈判,最后康益顶不住了,勉强同意:正桥桥墩 15 座,自开工之日起,400 天内完工。这个条件,当场草写成文,双方签字,散会时已经是大桥开工典礼日的清晨。

当天上午 9 时,钱塘江大桥开工典礼隆重举行。当曾养甫宣布大桥开工并在一年半内建成时,全场爆发出热烈的掌声和欢呼声。茅以升、罗英和桥工处全体人员更是热情高涨,同时深感责任重大。

六

　　他站立桥头,不由自主地回想:"8·13"上海抗战开始时,大桥还有许多工程没有完,整个大桥工地,已笼罩在战争阴云中了,然而才一个半月时间,居然就通车了,真是不可思议! 这靠的是什么呢?……

1."上下并进,一气呵成"

　　开工典礼刚过,茅以升的兴奋情绪很快被巨大的精神压力所替代。

　　原设计中,建桥时间定为两年半,他还担心不能按期完成,现在要缩短为一年半,他虽然答应了下来,可心里实在没有把握。

　　一般桥梁工程的施工顺序,都是先打基础,再建桥墩,后架桥梁。在开始设计时,他就充分考虑到了时间因素,定下"上下并进"的施工方案:不管江中、陆地、水上水下,能同时施工的就同时施工,不能等完了下面再建上面。现在他意识到,为缩短工期,还得在"上下并进"上打主意。

"怀伯兄,"他心事重重地对罗英说,"我看要想再把工期缩短,不能光靠逼迫承包商,关键问题是要找到更节省时间的施工方法。"

罗英也正在为缩短工期苦思冥想,说:"我想来想去,'上下并进'还是最省时间的方法。我看剩下的问题是怎样'进'得更快一些。"

"一般的'快'还不行,"茅以升说,"只有一气呵成才能如期完工。"

"对,必须上下并进,一气呵成!"罗英说罢这句兴奋的话,苦笑了一声,说,"看来我们要创造奇迹了!"

"有些奇迹是被逼出来的。"茅以升说,"怀伯兄,你总结得很好:上下并进,一气呵成。我们就按这个原则拟定一个施工方案,然后和工程师们讨论确定下来,你看怎样?"

"就这么办!"罗英说。

一个打破常规的施工方案很快就制定了出来,并征得了承包商的同意。方案的要点是:

属于平面铺开的工程,能同时动工的,立即同时动工;对上下关联的桥墩的基础、墩身和钢梁,要求墩基与墩身同时动工,桥墩与钢梁同时动工。

这个方案的快慢,关键是正桥。它工程量最大,施工最困难,最复杂。正桥桥墩的基础和墩身怎样同时开工呢,茅以升和罗英想出"气压沉箱法"来解决这个问题。

"沉箱"是个长方形的钢筋混凝土箱子,上无盖,下无底;中间有一块厚厚的隔板,把箱分为上下两半,上一半口朝天,下一半口朝地。因为有口朝天的一半,沉箱就能浮在水上像条船,工人们可在上面建筑墩身。因为有口朝地的一半,沉箱下落后,盖住江底,就形成一个房间;打进高压空气,把水赶走,工人们就可以在里面工作,为墩身打基础。由于要打进高压空气,就给这种沉箱起名叫"气压沉箱"。

这样,正桥桥墩就有三个部分:最下面的木桩、木桩上的沉箱和沉箱上的墩身。沉箱是木桩和墩身之间的联结体,既是墩身的底座,又是木桩的帽子。

施工时,先打水下木桩,然后装上沉箱,在沉箱上筑墩身。江中打桩时,就在岸上做好沉箱,待木桩打好,立即拖下水,浮运到木桩上面,下锚固定,在上面筑墩身。沉箱越来越重,沉到江底,下一半就像一座房子扣在泥沙上,用高压空气排水后,工人们就进到房子里面挖去泥沙,越挖越深,直到沉箱落在木桩上为止。

墩身是钢筋混凝土结构,不能在水中浇筑。要在沉箱还未下沉时,就在上面装上木围墙,把水挡在外面,在里面筑墩身。

沉箱慢慢下沉,墩身越筑越高,待高出水面后,木围墙就可拆除。沉箱到达木桩头时,墩身也就快完成了。

正桥钢梁 16 孔,在岸上一孔一孔地拼装好,每装好一孔,就存放在江边,等到有任何两个相邻的桥墩完成,就将一孔钢梁用船运去,利用江潮的涨落,架在这两个桥墩上。

木桩、沉箱和钢梁,不分上下,都同时动工,这就是"上下并进";木桩打完运沉箱,沉箱下落时筑墩身,墩身完工就架钢梁,这就是"一气呵成"。

2. "八十一难"

1934 年 11 月 11 日开工典礼后,各承包商分头准备,陆续将建桥设备、建筑材料运往工地。茅以升要求各承包商,决不能因材料不到或工具缺乏而延误施工。如果需要添置建造本桥的特殊设备,桥工处可以给予补贴。并要求施工时尽可能夜里多加班,星期天和一切假期都不停工。到 1935 年 4 月 6 日,大桥才正式开工。

虽然开工前做了充分的准备,估计到了各种情况,但一进入施工才发现,钱塘江江面风大浪险,江底泥沙变幻无常,超出了原先的估计。凭当时的技术、施工条件来对付它,真是困难重重。再加上"上下并进,一气呵成"的施工方案是为了赶时间而制定的，在我国是第一次，施工中缺乏经验，又不能从容试验，因此，刚开工不久，就遭遇到一连串的困难和挫折。

最困难的工程是正桥桥墩。有 9 个桥墩需要打进木桩作基础，每个桥墩需要 160 根木桩，每根长 30 米。但江底泥沙有 41 米深，桩脚到泥沙下面的软石层时，桩头就在泥沙中 11 米深了。如何把这长桩打进江底呢？打桩时，江上一片茫茫，桩的位置怎样确定呢？这就必需特制的工具设备和准确的测量技术了。

承包商康益在上海特制了两艘打桩机船，不料第一只船刚驶进杭州湾，就在大风中触礁沉没，船上 60 多人全部遇难。这是一次灾难性事故，茅以升非常震惊和悲痛。各大报纸都报道了这次事件，闹得舆论沸沸扬扬，对大桥能否建成提出了疑问。

在上海老西门一带，还兴起了迷信的流言，说杭州造桥不成功，要摄取儿童魂魄去祭江；如果挂上护身符，就可免于灾难。符上有四句谁也不懂的话："石工石和尚，做工找地方，不关小儿事，石匠自家当。"一时间，有小孩的人家惶惶不安，卖符的生意红红火火。茅以升知道后，请上海市政府出面禁止，流言才算平息。

第二只木桩机船开到后，却打得很慢。打轻了，桩下不去；打重了，桩就折断，一天一夜只能打成功一根。九个墩要打进 1440 根，这样的进度怎么得了呢？茅以升心急如焚，苦苦思索，寻找打桩的快速方法。

一天,他路过一个花坛,无意间看到一个小孩正用一把铁壶浇花,出自铁壶嘴的水流把花下的泥土冲了一个小洞。他忽然灵机一动,一个解决打桩难题的方法出现在脑海中。

他激动万分,急忙赶到工地,把他的想法告诉在场的工程技术人员,大家一致认为可行。于是他立即到打桩船上,布置改进设备,进行试验,证明非常有效。

这种方法叫"射水法"。先用高压射水管冲破江底的硬泥沙层,拔出射水管后,立即插入木桩,用蒸汽锤往下打。当木桩顶端快没进江面时,接上20米长的钢管"送桩",再打,直到木桩到达预定深处,最后拔出送桩。用这种方法,每天可打进30根桩,大大加快了工程进度。

每个桥墩打成后,紧接着就是安放沉箱。靠近江边的三个桥墩,因江水较浅,如果在岸边先做好沉箱,恐怕无法浮运就位,于是就改用"围堰法"就地浇筑。先用一根根的"钢板桩"打进江底,做成一个圆形围堰,把里面的水抽干后,筑成一个高出水面的岛,然后在上面做沉箱。

靠南岸的两个围堰,钢板桩刚打完,就遇到洪水暴发,大江主流中心又偏偏冲向南岸,江流湍急,日夜冲刷江底泥沙,愈刷愈深,围堰倒塌沉没了。这又是一场灾难性事故,几位工程技术人员以身殉职。

这次水害把靠南岸墩位一带的河床刷深了许多,可以浮运沉箱到位,不必再用围堰法了。但是,倒塌到江底的钢板桩,却成为阻挡沉箱下沉的障碍。钢板桩是一根根连锁在一起的,现在扭曲纠缠成一团,半埋在泥沙中,怎么打捞上来呢?多亏工人们凭借丰富的施工经验,想方设法把它打捞了上来。

通过这次水害,茅以升真正尝到了钱塘江水冲刷的厉害,提高了对河床变动的警惕。随后的施工中,在沉箱到位之前,他让工人们沉没大面积的柴排和石笼,先防护好河床,所以,再没有出现河床变动的危害。

诸如此类出人意料的遭遇,是书本上没有的,全靠茅以升和罗英指挥若定,适时改进工作,才得以转危为安。

开工前期一连串的困难和挫折,使茅以升高度紧张,愁多欢少,坐立不安。好像全盘计划都错了,社会上的闲言闲语也多了起来。

"在钱塘江上造桥,本来就是逞能,现在知道了吧!"

"外国人的设计不用,非要自己来,能不坏事吗?"

银行更是为借款担忧,派人前来打探询问:大桥到底能不能建成?

已升任铁道部次长的曾养甫把茅以升叫到南京,问明详细情况后,突然正言厉色地说:"如果造桥不成功,你得跳钱塘江! ——我也跟着你后头跳下去!"

茅以升想,曾养甫大概是受了"上面"的督责,说他用人不当,因而发急了。但当面说出这样不讲情面的话,真让他难以接受。他愤愤地告别曾养甫,回到杭州。

熟悉曾养甫的朋友安慰他说:"这种逼人的方法,是曾养甫惯用的,你不必在意。"

但茅以升当时非常激动,难以平静,心里说:

"曾养甫,你等着瞧吧!"

他的母亲见他精神紧张,坐卧不安,安慰他说:

"唐僧取经,八十一难,唐臣(茅以升字唐臣)造桥,也要八十一难,只要有孙悟空,有他那如意金箍棒,还不是一样能渡过难关吗?你何必着急!"

母亲朴素简单的话,使茅以升深受启发。他在想,造桥的孙悟空是谁呢?显然不是我自己,应该是我们全体队伍,我的作用就是激发大家的智慧和力量;如意金箍棒是什么呢?应该是科学里的一条法则:利用自然力来克服自然力,现在就是利用钱塘江的水来克服钱塘江的泥沙。

于是,茅以升信心倍增。

3. 不驯服的沉箱

桥墩工程中打桩的难题解决后,搬运和固定沉箱的困难接踵而来。

沉箱是长方体的钢筋混凝土结构,长约 18 米,宽约 11 米,高约 6 米,重约 600 吨。这样一个庞然大物,如果在岸上做好,凭当时的机械设备,把它拖下水很困难。

桥工处最先采用的方法是:在江边挖一个船坞,关上闸门,将坞中水抽干,在里面做好沉箱,然后开闸放水,沉箱浮起,就可拖出去了。

达本是最省工省时的方法,不料在江边挖不多深,就遇到了和江底相通的泥沙,继续挖,泥沙就和水一起涌入,越挖越多。即使船坞挖成,里面的水也永远抽不干。

这个方法失败,就只好在岸上做好沉箱后,再搬运到江中了。

桥工处设计出"吊运法"来搬运沉箱。方法是:将沉箱排成一队。构筑两条通往江上的轨道,临江的一头,用木桩排架,将轨道伸到江中深水处,形成一座临时码头,再制造一辆在轨道上行驶的钢架吊车,把沉箱吊起,搬运到排架尽头,放入江中。

这种方法只需要一套机械设备,将全部沉箱一个一个地搬运入水。沉箱在轨道上移动完全受机械控制,快慢进退,操纵自如。但是,由于是初次尝试,在运用时,又克服了许多困难,才最终吊运成功。

沉箱下水后,利用水的浮力,浮运到墩址并不难,难的是怎样使沉箱在水流冲击下就位不动。

第一个沉箱浮运到墩址后,用铁链缆索连接6个3吨重的船用铁锚,分列在沉箱四面,用6台手摇绞台操纵。当时风平浪静,顺利就位了。不料洪水、狂风、大潮随即接连而来,把沉箱冲离墩址,在江上漂来漂去。先是漂到下游的闸口电灯厂,设法把它拉回来,正在固定它时,突然大潮汹涌,冲断铁链,沉箱浮起,又漂到了上游。退潮后,陷入泥沙中,费了好大劲再拖回墩址,重新固定。不料忽来大风雨,沉箱竟拖带铁锚,往下游漂去,越漂越快,到4公里外的南星桥,将渡船码头撞坏。江上的汽轮,齐来协助,才把它捉住。然后用24只汽轮,才把它拖回墩址。重新就位后不久,又遇大潮,捆绑的缆索松断,沉箱又浮起,漂到上游10公里外的闻家堰,落潮后深陷在泥沙中。又用了许多办法,才将它浮出,拖回原址。

4个月中,这个沉箱如脱缰野马,乱窜到四个地方,令茅以升哭笑不得。

"钱塘江果然厉害!"社会上不明真相的人说,"那么大的桥墩都站不住,东西乱跑。"

迷信的人说肯定有鬼,要承包商烧香拜佛,乞求神灵帮助。

这几次波折证明,原来的方法锚不住这个庞然大物,必须加以改进。有一位工人建议,用更重的大锚来锚定它。茅以升和罗英认为这个建议很好,于是就让承包商浇铸10吨重的混凝土大锚,并用高压射水将它们深埋在泥沙中,沉箱才不再乱跑了。

沉箱就位后，要慢慢降落江底，但沉箱下面的流水，随着沉箱的接近江底而越流越急，加剧了江底的冲刷，沉箱下去就放不平了。如果倾倒，无法补救。大家想出办法，先在江底铺上厚厚一层柴席，防止冲刷，沉箱才平稳就位。但是，沉箱下沉就位后，要把箱内的柴席切除，却是困难而费时的工作。

沉箱落实江底后，开始向箱内输进高压空气，排空里面的水，工人便进入箱内工作，先切除柴席，然后挖泥沙，让沉箱下沉。

沉箱里容不下几个人，又是在高压空气中工作，开始效率很低，一昼夜只能下沉 15 厘米，后来改进出料方法，让泥沙从沉箱上部的出料设备喷出。经过多次失败才改进成功，一昼夜可下沉 1 米。

沉箱下沉，要恰好扣在已经打好的木桩群上，这沉箱和 160 根桩头怎样能恰好相会呢？木桩打下后，水面上一点痕迹都没有，如果沉箱下沉时歪了一点，到达桩头时，位置就不正了；如果打桩时稍微偏了一点，桩头就不在其位了。按照设计，每根桩都有它的固定负担，少了一根或偏了一根，它的负担就要转到别的木桩上，增加对石层的压力，而石层是软的，承载力很有限。

茅以升一直为这个问题担心。他严格要求质量检验人员，每一沉箱下到桩头，一定要进入沉箱仔细测量每一根桩头的实际位置，查看桩头有无损伤。施工报告和检验记录，他定要对照

160 根桩的位置图,仔细阅读,并坚持亲自下沉箱对照复核。

他第一次下沉箱复核,边看边数,果然 160 根木桩,根根都在设计的位置,他的心头疑云才算消除。

"我们的测量和打桩工作,做得真是精确。"他激动地想,"这样认真地工作,何愁大桥不能建成!"

他出了沉箱,十分高兴,来到打桩船上,盛赞工人们的创造性劳动。工人们被他的认真和信赖所感动,操作更加谨慎,技术上更加精益求精。

4. 浮运钢梁

随着沉箱下沉到位,沉箱上面的桥墩也差不多做好了,接下来就是架设钢梁。钢梁是在英国制造的,拆散后运来杭州再拼装。

架设大桥钢梁的普通方法是"伸臂法"。在岸边把一孔一孔的钢梁拼装好,从岸边装好的一孔上,把另一孔钢梁伸出去,搭在前面的桥墩上。这样从两岸开始,一孔一孔逐步进行,最后在江心桥墩上会合。

这种方法,要求桥墩完工要有一定次序,钢梁才能从两岸逐步伸向江心。而钱塘江大桥的施工是"上下并进,一气呵成",各桥墩争先完工;为了赶时间,只要邻近两个桥墩完成,就要先架上钢梁,不管桥墩的位置是靠近江边,还是在江中央。

钱塘江的大潮激发了茅以升和罗英的灵感,他们创造了"浮运法",利用潮水涨落,将钢梁架上桥墩。但运用这个方法,也要克服许多困难。

大桥每孔钢梁长 67 米,宽 6.1 米,高 1.07 米,重 206 吨。这样的庞然大物,是一座用很多杆件组成的钢结构,搬运起来最大的问题是容易出现杆件扭曲。一旦有杆件扭曲,必须换件重新拼装。这就需要一套灵活而强度高、能够防止杆件扭曲的机械设备,能把整孔钢梁抬起搬动,从装配场搬到储放地,浮运时再搬到江边码头。

在桥工处的指导下,承包商特制了一种"钢梁托车",可将钢梁托起,在轨道上平稳搬动。这种托车是经过多次试验才制造成功的。

水上浮运钢梁,用特制的两只木船,连在一起,船上有塔形木架,顶托钢梁的两个支点。两船都有大水舱,用储水的多少来控制船身的升降。

浮运要趁每月的大潮。涨潮时,潮水顶托江流,可增加行船的平稳。水涨船高,使钢梁的底部高过桥墩。钢梁运到两墩之间,等潮水退下,就可安然落在墩上。

这一切工作,都要紧凑安排,需要钢梁和桥墩两方人员充分协作,才能准确抓住潮涨潮落的机会。每月潮汛来临,桥工处便尽一切可能,控制着浮运钢梁的程序。这个程序不误,工期才有保证。

浮运钢梁时,由于设备的限制,能够利用潮水涨落的水位,上下不过 1 米左右,所以江水的深浅,要时时探测。潮水涨落的钟点,也要推算准确,按时配备人员和工具,以免错过时机。

桥墩上承托钢梁的支座和钢梁两端坐在桥墩上的底座,都有预留的孔眼。钢梁落到桥墩后,要用螺栓插入扣紧。由于事先测量准确,这上下孔眼都丝毫不差地对齐了,全部螺栓都顺利通过。

在做施工计划时,曾经探测过水深,全部正桥钢梁都可用浮运法架设,但在工程进程中,靠近南岸的一孔江底淤塞,半孔泥沙竟然高出水面,浮运法不能用了。于是在泥沙高出水面的半孔,改用"搭架法"安装,在有水的半孔,改用"伸臂法"安装。这两种办法本身并不困难,但按原计划,钢梁的杆件全部运到北岸拼装,现在必须把这一孔的杆件,再运到南岸去,这样就要多费时间。

好在当安装开始时,靠南岸桥墩的沉箱才刚开始下沉。等到桥墩竣工时,钢梁正好伸臂过来。真是水到渠成! 补救了变更计划的时间损失。

5. 建桥不忘育才

茅以升刚接受建桥重任时,就敏锐地意识到,这项由我国独立建造的巨大工程,是一个训练、培养本国桥梁工程技术人才的极好场所。

桥工处刚开始组织,他就把这个想法告诉了罗英,得到了罗英的赞许。除了聘请到几位国内知名的桥梁工程师以及一些富有经验的技术人员外,还先后吸收了 29 位刚从大学工科毕业的青年,让他们一面在室内学习绘图设计,一面在室外学习勘测及各种施工,使每一个人都有深入工程第一线实地锻炼的机会。要求他们不但对于整个桥梁工程,从头到尾都清清楚楚,而且还要懂得每一环节、每一措施,在理论上为什么必须这样。他的愿望是把这批青年培养成我国桥梁设计、施工的骨干人才。

这些工程技术人员,后来成为新中国桥梁工程的中坚力量。如武汉长江大桥总工程师汪菊潜、南京长江大桥总工程师梅旸春、郑州黄河大桥总工程师赵燧章、云南长虹大桥总工程师赵守恒等等,都曾在钱塘江桥工处任职。

茅以升也把他从小养成的学而不厌的精神,和在大学形成的诲人不倦的精神带到了建桥工地上,在桥工处产生了很大影响。他从来没有对桥工处作过大小报告,而是用日常言行影响着身边的人。在紧张的设计、施工中,桥工处的工程技术人员,人人书不离身,有钱就买书,有空就读书,形成自觉学习的风气。

中国人独立建造钱塘江大桥的新闻曾经轰动一时。为回答社会的关注,并借机宣传科学知识,茅以升还分派题目,让工程技术人员写建桥工程心得,介绍设计和施工中的问题,刊登在工程刊物上;他自己也多次为报刊写文章。他还组织出版过大桥工程摄影专辑和大桥工程介绍,受到社会的欢迎和称赞。

在设计和施工中遇到的许多困难,都成了茅以升的研究题目。他还把有些题目分派给工程技术人员,让他们分工攻关,比如,"流沙与冲刷的关系""如何将木桩深深埋入江底""倾斜岩层上的沉箱如何稳定"等等。对于这些题目,他都提出了自己的见解。有时对某一问题,不同意见争执不下,他就作出最后总结。

经过对钱塘江流沙的研究,引起了他对"土力学"的重视。当时国际上对土力学的研究刚刚开始。他除了自己刻苦钻研外,还将大桥的土质标本包装好,送到国外研究机构代为分析,做实验研究。同时,他又设法从国外找来关于土力学的论文集,交给工程技术人员阅读。

为了给国家培养将来的建桥队伍,茅以升还拟定了一个计划,利用钱塘江桥的施工机会,在1935年和1936年两年的暑假前,分别写信给国内的工科大学,欢迎三年级学生来建桥工地实习两个月,由桥工处供应食宿,每年招收 80 人。各大学热烈响应,争相推荐学生来实习。实习学生报到后,茅以升必亲自接见,对他们的实习和生活做出周到安排。每天要给他们上一两个小时的课,由桥工处指定专人进行辅导,向他们介绍施工情况,讲解施工图纸和每一工程设计及措施的科学依据。其他时间,轮流分派他们到各个工地,现场实习。每一道工序,都尽可能让他们从头至尾参加。

这个训练计划获得了圆满成功。当年在建桥工地实习过的许多学生,新中国成立后,都在各公路、铁路桥梁工程上服务,做出了程度不同的贡献,其中有不少人成为工程技术专家。

6. 团结、高效的桥工处

说来让后人难以置信,钱塘江两岸的大片建桥工地上,竟没有一部运料的卡车,很多笨重物料,全靠人力搬运,仅有的几部机械设备也极破旧简陋。全部工人每天最多也仅 800 人。就是在这样的条件下,建成了钱塘江大桥,领导者是如何苦心经营啊!

桥工处下设四个工区,分别负责桥墩、钢梁、南北引桥的施工,各工区分派技术人员两三人。处机关连同工区的技术人员不过 30 人,全处人员从处长、总工程师到监工员和行政财务人员,总共不过 50 人。这样精简的机构,却担负着极其繁重复杂的任务。

茅以升身为处长,经常深入施工现场,了解情况,解决疑难,对工程技术人员言传身教,赢得了全处人员的尊敬和爱戴。大家有事向他汇报或请示,都不称他的官衔,而亲切地称他为"先生"。

他与总工程师罗英携手合作,坦诚相处,亲密无间,也在全处产生了很好影响。四位主管关键工程的工程师和四位工区主任与处长、总工程师同心同德,密切配合,形成了坚强的领导层。

处内和工区的技术人员在主管的指导下,任务明确,责任具体,都各守其责,各尽其力,形成上下团结一致、办事认真、讲求实效的风气。大家都一心埋头苦干,尽量不给领导添麻烦,没有人想到闹人事纠纷。

工程是在日夜不停地进行,桥工处的领导为了监督工程,也要陪着日夜不停地工作,同工人们一样,既无星期天,也无假期。负责人往往不能轮班,就更加辛苦,几乎没有上下班之分。

桥工处的领导层是由技术专家组成,对工程各个环节了如指掌,能够预见到可能出现的问题,所以布置周密。设计和施工中的每个部位,每个环节,每道工序,都布置了应有的设计图纸和监察、检查要求。

周密的布置是为了顺利施工和保证工程质量,茅以升要求工程技术人员事事处处仔细认真，一丝不苟，经常提醒他们注意数字上的小数点，不能点错位。如果他发现桥墩下的岩层有可疑之处，就一定要派人重新钻探。各工区浇铸混凝土时，他要求派人守在搅拌机旁，时刻掌握配料的比例和精细度。哪怕发现所用沙土稍微不合格，也要承包商立即更换。

他每到工地，定要到工人中去，查看他们的操作，询问他们的生活，听取他们的意见。有许多困难，解决办法都是工人们提出来的。

钱塘江桥工程种类繁多，内容复杂，最后的成功，是经历了许多失败的，因而它的成功经验非常宝贵。为了把这些经验完整地记录下来，留给后人，茅以升安排做了两件事：一是分阶段写出和绘出各种工程的进行情况，二是将各种工程的实际经过摄成电影。

写绘的记录主要有两种：一是正式的工程报告和竣工图，竣工图不同于设计图和施工图，它是工程的最后实际情况；二是科学普及性质的报道，除了中外报刊所登消息外，在施工期间，每两星期在上海的《科学画报》上刊登一次，分八期刊完。1950年，中国科学图书仪器公司将这八期汇编成一本书出版，书名叫《钱塘江桥》。

拍摄的钱塘江桥的影片是一部纪录片，由茅以升亲自编辑和导演，胶片长约2500米，记录了所有特殊工程的全部施工细节,使观众能了解工程的来龙去脉,对于桥梁工程教育及之后的资料保存,有重要意义。

钱塘江桥的兴建,也极大地提高了中国人的民族自信心,改变了很多人不相信中国人能建造现代大桥梁的观念。在大桥施工期间,一些地方政府纷纷来与桥工处接洽,邀请桥工处前去勘查河流,设计桥梁。

对于这些工程,茅以升当然不会轻易放过,因为这正是培养和壮大我国桥梁工程队伍的好机会。于是,桥工处在钱塘江桥工程的繁重任务之外,又承担了几个桥梁的勘查、设计任务。应广州市政府的邀请,罗英接受了"六二三"桥的设计任务。应福建省建设厅的邀请,桥工处派了一个勘探队去,做了峡兜乌龙江建桥的测量钻探工作,并做出了初步设计。南昌赣江桥和长沙湘江桥的设计,也都有过接洽。

1935年秋,茅以升应湖北省政府约请,前去接洽武汉长江大桥建造工程。在他的指导下,桥工处于1936年8月做出"武汉建桥计划书"。根据这个计划,要在武昌蛇山和汉阳龟山之间的长江上,建造单线铁路和双线公路的联合大桥,另在汉水上分别建造一座铁路桥和公路桥。全部预算为当时法币1100万元,施工期限定为3年。

当时,南京铁道部和湖北省政府曾与中英银公司和中国几家银行分别协商借款,也按钱塘江桥的办法,以过桥费作抵押,发行建桥公债。到 1937 年春天,基本商谈妥当,准备于 10 月份在武汉举行开工典礼。这一年,抗日战争全面爆发,计划只好作罢。抗战胜利后,茅以升将原计划修改,重新做出武汉大桥计划草案,建桥筹备委员会还约茅以升任总工程师,但直到中华人民共和国成立,也毫无结果。

7. 战火催逼大桥成

1937 年 7 月 7 日,日本军队进攻驻守卢沟桥的中国守军,开始了对中国的全面侵略。战争的爆发,迫切需要钱塘江大桥尽快完工。铁道部和浙江省政府向桥工处发出严厉命令,催促加速施工。茅以升真是心急如焚。

眼看国难当头,他和桥工处全体职工,基于国家和民族大义,都要尽最大的力量,尽快把桥建成。几家承包厂商中,除个别外国人外,都是中国人,大家心同此理,都愿与桥工处一起,加倍努力工作。于是,桥工处与各承包商重订施工计划,争取 8 月份通车,一切施工程序,都以此为目标,多费工料,也在所不惜。

这时,全桥工程已近尾声,但有一极大难关,阻碍着工程进度。这就是江中心第 6 号桥墩的下沉工程。

这座桥墩最高,从顶到底高 34.5 米,下面没有木桩。它正好要落在江底石层的斜坡上,在墩底沉箱的范围内,坡面高低相差8.5米之多。这种地质情况,是不适宜安放沉箱的,但在设计时,由于钻探资料不足,没被发现,在桥墩开工前才发现石层倾斜严重,已经不可能改变墩址了,只好在纠正倾斜的技术上打主意。

开始想了两种办法:一种是在石层低的地方,打进短桩,使桩头与石层高处取平;另一种是,在石层高处开凿,凿到和低处取平。

先尝试第一种办法。在浮运沉箱之前,打进长短不一的钢筋混凝土短桩,并且特制了30米长的钢管送桩,来把这些短桩送到石层。可是打入30根后,送桩损坏,来不及再制新的,被迫停工。

随即用第二种办法,把石层高处凿低,但施工难度大,进展非常慢,要把8.5米高的坡度凿平,不知要耗费多少时间。

时间迫不及待,桥工处立即决定,高的地方继续凿,低的地方用混凝土基桩垫高。

混凝土基桩的做法别出心裁。在气压沉箱内,将1~1.5米的短钢管,分批顶住,随顶随焊,将短钢管接长,等顶到石层后,再用高压水加气压,冲出管中泥土,然后浇入混凝土,成为基桩。这个方法的施工,也是困难重重。

8月13日,日军开始进攻上海,杭州大为震动。茅以升怎能不急!

第二天,日本飞机首次空袭上海、南京和杭州。当时茅以升正在 6 号桥墩的沉箱里,解决一个重要技术问题。忽然,沉箱里电灯全灭,一片黑暗。里面的人毫无防备,顿时一片惊慌,大家的第一反应是必死无疑。

原来沉箱里的电灯和高压空气,都从上面机械送来,是一直不能缺的。在沉箱里的人,也就下意识地把电灯和高压空气联系起来,以为电灯一灭,高压空气也出了事。没有高压空气,江水就要涌进来,谁也不可能活着出去。由于事出突然,大家来不及思索,就都恐慌起来。

过了片刻,并无事故发生,大家稍稍镇定一些,才想起电灯和高压空气是两回事。又过了几分钟,仍无危险发生,大家这才放下心来,在黑暗中静候消息。

半小时过后,电灯亮了,大家重见光明,真是惊喜万分。随即有人下来通知,说电灯出了故障,现在没事了,叫大家照常工作。

茅以升随来人出了沉箱,到外面一看,很奇怪:一切工作都停了,到处看不见人,整个江面寂静无声,只有一位守护沉箱气闸的工人在那里。

"这是怎么回事?"他问。

"茅先生,"这位工人回答,"半点钟前,这里放空袭警报,叫把电灯全都关掉,说日本飞机就要来炸桥了,要大家赶快往山里躲避。一会儿果然看到三架日本飞机,飞来投弹,都投入江中,没炸到什么东西。现在飞机走了,但警报还没解除。刚才有个监工来了,就下去给你们送了信。"

"战争已经来到大桥了!"茅以升喃喃地说。

"你自己为什么不躲开?"他问这位工人。

"这么多人在下面,我管闸门,怎能走开!"

"谢谢你,谢谢你!"他上前握住这位工人的双手,激动地说。

"这位工人坚守岗位、临危不避的忘我精神,"他在几十年后说道,"我至今仍然感念。"

日本飞机继8月14日首次空袭后,常来骚扰。轰炸目标就是大桥工程,但遭到军队高射炮的猛烈回击,始终未能炸中大桥,只炸坏了岸上一些工房。

茅以升下沉箱把问题解决后,第6号桥墩不计代价地加快施工,沉箱内的石层取平工作于8月18日完工,这时上面的桥墩也已接近完工。于是沉箱里赶快封底,墩顶上赶快做墩座,上下并进,到9月11日晚,全墩告竣。

6号桥墩左右两孔钢梁,早已拼装好,储存待用,桥墩快完工时,浮运工作已准备就绪,等待涨潮。

9月19日,这一天正是中秋节,桥墩上端的混凝土,已经过8天的凝固,不能再等,于是就趁潮汛把墩北的一孔钢梁装上。9月

20日,又趁潮汛把墩南的一孔装上。两孔钢梁的架设,只隔一天,而且离桥墩上混凝土的最后浇铸,只有8天,这在桥梁工程史上是罕见的,也是大桥施工"上下并进,一气呵成"的最高峰。

钢梁上部的钢筋混凝土公路面,原是要等钢梁架上桥墩才动工,现在为了赶工,在6号桥墩完工前,就在它左右的两孔钢梁上,预先将浇筑公路面所需的木模和钢筋安装好,等钢梁一上桥墩,立即在木模内浇筑混凝土,很快就和其他14孔已经铺好的公路面接通了。

钢梁下部的火车轨道,也是一样,钢梁一装上桥墩,就马上铺枕木钉钢轨,很快也和其他14孔已装好的轨道接通了。

茅以升终于可以长出一口气了。他不由自主地想:当"8·13"上海抗战开始时,江中正桥桥墩还有一座未完工,两孔钢梁不能安装,整个大桥工地,已被战争阴云所笼罩。然而,仅仅一个半月时间,居然就能通车了,真是不可思议!这靠的是什么呢?若不是建桥全体员工同仇敌忾,奋力苦干,这可能吗?上海离杭州近在咫尺,如果日寇长驱直入,转眼即到。这一个半月时间又是怎样赢得的呢?如果不是上海的抗战将士,屹立敌前,拼死抵抗,再快速的施工方案,也不能有时间来完成!

1937年9月26日清晨4时,第一列火车缓缓地驶过了刚建成的钱塘江大桥,"钱塘江造桥"这件不可能的事终于成功了!

大桥工地上欢声雷动。

8. 炸桥又复桥

大桥通火车时,战火已经逼近杭州了。日本飞机不断来轰炸。为了迷惑敌人,军事部门不让上层公路通车,还让在路面上堆积很多障碍物,表示还没完工的样子。火车过桥也限制在夜间,还要熄灭灯火,以防敌人侦察到。

随着大桥的完工,茅以升就加紧拟订善后计划,准备应付一切可能发生的变故。但他万万没有想到,大桥要由自己亲手炸掉。

1937年11月16日下午,一位客人来访,说是南京来的,有机密要当面谈。他马上接见了这位神秘来客。

"我姓丁,是南京工兵学校的教官。

"敌人已逼近杭州,我奉命要在明天炸毁钱塘江桥,以防敌人过江,还请茅先生协助炸桥。炸药、电线、雷管等材料都在外面卡车上。"

丁教官说着话,取出了公文。茅以升一看,原来是军方命令,要桥工处协同丁教官炸桥,限于明天完成,并要求茅以升和罗英事后会同丁教官将炸桥情况上报。

茅以升感到震惊,想不到军事演变得这么快,但是沪宁铁路已不能通行,钱塘江桥是唯一的撤退后路,杭州撤退事务还没办完,铁道部方面也正需要大桥。

茅以升和丁教官回到桥工处,经过再三考虑和讨论,最后决定:先把炸药放进要炸的桥墩空洞里和五孔钢梁的杆件上,然后把一百几十根引线从每个放炸药的地方,接到南岸的一所房子里。丁教官的人就在南岸桥边守候,等到要炸桥时,再把每根引线接通雷管,这项工作至多两小时就够了,不会贻误军机。最后一声令下,通电点火,大桥的五孔一墩就顷刻同时被炸。这样既误不了撤退,又能炸桥。

丁教官当即将这个办法电告南京,立刻得到批准。

11月17日清晨,埋药接线工作刚结束,茅以升接到浙江省政府的命令,立即开放大桥公路。

12月22日,日军进攻武康,窥伺富阳,杭州危在旦夕。大桥上南渡的难民更多,铁路公路上的运输也更加紧张。仅这一天,撤退过桥的机车就有300多辆,客货汽车2000多辆。

12月23日午后1时,传来命令,立即炸桥!丁教官指挥士兵赶忙将装好的引线,一根一根接到雷管上,到3时完毕。但北岸仍有无数难民潮涌过桥,无法下手。

等到5时左右,江天暮霭沉沉,黑暗即将来临,隐约中可以看到敌人的骑兵向桥头冲来,再没有一丝时间可供拖延了,不得不断然禁止行人车辆,开动爆破器。一声轰然巨响,腾起漫天烟雾,这座刚刚雄跨钱塘江的大桥,被拦腰炸断。

眼看着大桥被炸,茅以升心潮难平,咬着牙对自己说:"我一定还要亲手修复大桥。"

所幸的是,在茅以升的努力下,保存了大量钱塘江桥的重要资料。

一般的工程,只有设计图和施工图。茅以升却认为,竣工图表示所建工程的实际情况,对于重大工程,是最宝贵的档案资料,因此非常重视这项工作。他要求大桥全部工程,不论大小,不论水中或陆上,都要有竣工图。

战争爆发后,大家忙于赶工,没有时间完成最后几项工程的竣工图,因而要在兰溪补办。

但是,工程结束事务刚办完,铁道部就任命罗英为湘桂铁路局副局长,罗英就带着桥工处的大部分工程技术人员,赴桂林去了。

1938年春,北方的唐山工学院撤退到湖南湘潭,请茅以升任院长,主持复课。于是他带领桥工处的剩余人员,从兰溪迁往湘潭,秋天又随唐山工学院迁往湘西杨家滩。1939年初,又迁往贵州省平越县(今福泉市)。

到平越时,桥工处经过一再疏散,只剩下了三个人,除茅以升外,还有一个银行稽查员和一个帮助保管公物的监工员。

这套公物共14箱,包括各种图表、文卷、电影胶片、相片、刊物等,都是修建钱塘江桥最重要的资料,被茅以升视为"科学珍宝"。从杭州到平越，饱经颠沛流离，遭遇敌机多次轰炸，幸而能完好无缺地保存下来。

1942 年，茅以升离开平越，接任交通部桥梁设计工程处处长职务，1943 年到重庆，担任新成立的中国桥梁公司总经理，1946 年又回到杭州修复钱塘江大桥，这 14 箱资料都一直跟着他，直到最后移交给上海铁路局为止。

如今，这批档案仍完好地保存在上海铁路局；工程报告的副本存于浙江省档案局。这是桥梁史上少有的最完整的大桥建设史料。

抗战胜利后，茅以升于 1946 年春刚回到杭州，就接到交通部的命令，让他充实钱塘江桥工处，准备修复大桥。

当时的钱塘江大桥，真是满目疮痍，破败不堪！

靠南岸的第二座桥墩，顶部被完全炸掉，而江底又淤高了许多，埋住了桥墩的下半截，日本人就在沉箱上打木桩，桩上筑桥墩。根据日本人留下的施工图，发现他们所打木桩并未根根都到沉箱，而是靠江底淤积抬高、泥沙填塞来支撑。如果水流冲刷，江底变迁，桥墩就会坍陷。

在战争期间，我国的抗日游击队为了阻止敌人利用大桥，曾两次夜间偷渡至桥墩，安放定时炸弹，将江中第五、第六号桥墩炸裂好几处。敌人用在墩中填沙和在墩外加箍的办法，勉强维持，根本不能持久。

被炸断的 5 孔钢梁，日本人虽已补接成形，装上了桥墩，但新补的杆件，都是普通碳钢，而不是原来的高级合金钢。许多被炸得扭曲的杆件，也未全部矫正。这样，钢梁的强度就大大削弱，降低了承载力。

大桥上面的公路面，日本人在修理 5 孔钢梁时，为了减轻重量，将上面的钢筋混凝土路面凿去，事后也未重新浇筑，所以公路不通。

这 5 孔之外的公路面和人行道，也都残破不全。人行道旁的铁栏杆，只剩下北岸引桥上的几孔，其余全都不见了。道旁的铜灯也留下寥寥无几。真是一片凄凉景象！

1946 年 9 月，开始第一步修桥施工。在破坏过的 5 孔钢梁上面，铺设木桥面作为临时公路，可单线行驶汽车，两旁安上临时木栏杆。在各孔完好的钢梁杆件上，加涂保护油漆。

1947 年 3 月 1 日，公路通车，恢复了大桥双层路面的功能。但由于大桥损伤严重，火车过桥，时速要限制在 10 公里内，汽车要限制在 15 公里内，而且火车与汽车还不能同时过桥。

第二步正式修复的设计与施工，茅以升委托中国桥梁公司上海分公司承办，总工程师是汪菊潜。

正式修复中最困难的问题，和建桥时一样，仍然是正桥桥墩和钢梁。对被炸毁的靠南岸第二座桥墩，要凿去日本人草草筑起的上部墩身，拔出日本人打下的木桩，在下面沉箱上，另筑新墩。江心的第五、第六座桥墩,墩壁破坏严重,非彻底修复不可。但这是水下作业,修复时还要保持通车,计划用"套箱法"来解决这个难题。对于损坏的5孔钢梁,计划向国外定购高强度合金钢杆件,将所有碳钢杆件和扭曲杆件全部换新。在拆换杆件时,也要保持大桥通车。

"套箱法"是一种别出心裁的方法:从桥墩两旁的钢梁上,吊下一个大套筒,将桥墩四面围住,下面落到墩底沉箱顶板,上面高出水面,抽干套筒中的水,让工人下去修理墩壁。

大套筒分为两节,下节是八角形钢筋混凝土的套箱,上节是木板围堰。套箱悬挂在桥墩两旁的钢梁上,就像一个吊在空中的开顶沉井。放松悬索,让它降落江底;在箱内挖泥沙,使它下沉,直到下面的沉箱顶板。同时在套箱上面接木围堰,形成套箱的延伸部分。整个大套筒重约800吨。然后用水下混凝土,封闭套箱的底脚。等混凝土凝结,抽干箱内的水,套筒就成为挡水围墙,在围墙内就可进行修理工作。修理完毕,拆去套箱上的木围堰,就全部竣工。

1947年夏,上海分公司开始筹备套箱工程,随后在第5座桥墩开始施工。这时国民党的统治已开始瓦解,经济日益崩溃,人心浮动,因而修桥经费时断时续,工程进展十分缓慢。

中华人民共和国成立前夕,国民党军队在第5孔公路和铁路桥面的纵梁两端装上炸药,准备最后时刻炸断大桥。当时套箱刚悬挂下水,还未沉到江底。

1949年5月3日,杭州解放。当天下午,国民党军队撤退过桥后引爆炸药,但对大桥破坏不大。经奋力抢修,不到24小时,铁路、公路全都恢复了通车。

9月,已归属新政权的上海铁路局接办了大桥修复工程,按原定方案继续修复。1952年4月,第五座桥墩修复完工,第二年9月,第六座桥墩修复完工。茅以升"不复原桥不丈夫"的誓言终于实现了。

大桥在茅以升的主持下,虽经精心修复,但并未完全抹去战争的创伤,要更换个别扭曲变形的钢梁杆件,必须中断交通,又非短时间所能完成,这将给经济造成重大影响。因此,当时采取了一些其他补救办法,而这些带伤的钢梁竟奇迹般地使用至今而安然无恙。这充分证明茅以升当年选用铬铜合金钢,真是独具慧眼。

作为通往浙东南的必经要道,钱塘江大桥从建成到今天,一直承担着繁重的运输任务,尤其是公路桥,早已大大超出了当年设计的最大负载,这也充分证明了钱塘江大桥设计的科学性,建造的坚固性。

钱塘江桥是中国人自己设计和建造的第一座现代铁路、公路两用大桥。它作为民族精神和智慧的象征,永远和茅以升的名字连在了一起。

七

他贴出招生广告,挽救一所大学;成立桥梁公司,网罗众多人才;迎接上海解放,巧妙与敌周旋。陈毅市长紧紧握住他的手说:"上海解放,你是有功劳的!"

1. 主持"流亡大学"

1937年初冬,茅以升随交通部撤退到武汉。这时,唐山工学院的部分师生也流亡到武汉,校友们相互联系,自发组织起来,进行复校活动。大家一致请茅以升出来主持复校。

早在卢沟桥事变爆发前夕,敌伪军队就先行侵占了唐山工学院。当时正是暑假期间,大部分师生已经离校,留校师生也星散南逃。唐山工学院原属铁道部,现在正要移交教育部,尚未交接,而铁道部又要归并到交通部,人事变动频繁,使学校实际上处在没有主管部门的状态。院长孙鸿哲又卧病北平,不能主持院务。这样,唐山工学院就等于无形解散。

在这国难、校难并至的紧要关头,茅以升深知教育为将来建国的根本,学校不能停办。他毅然担负起领导复校的重任。

当时,唐山工学院的招牌已不复存在,教师都各奔东西,图书资料和仪器设备都荡然无存,复校谈何容易!

茅以升四处奔走呼吁,获得了全国的唐院校友的大力支持,特别是湘黔、黔桂、粤汉等铁路线,是唐院校友密集的地方,他们的支持更是不遗余力,很快就募集到1.2万元复校基金。这笔钱在当时可不是一个小数目,它可以买到130吨大米。

湘黔铁路局腾出部分宿舍和工棚,作为教室和师生宿舍。1937年12月15日,唐山工学院在湘潭的两间铁路局公房里正式复课,"国立交通大学唐山工学院"的牌子也堂堂皇皇地挂了出来。湘黔铁路局派出15名优秀工程师,每天乘轨道手摇车轮流到校义务上课,铁路局的图书资料和仪器设备也免费供学校使用。

但是,教育部不肯承认这个仓促恢复起来的学院,拒绝划拨经费。茅以升就以个人名义,在武汉、南昌、长沙等后方城市的报纸上,刊登《茅以升招生启事》的新奇广告,扩大唐院复校的影响,争取社会的同情和支持。已经四散的部分唐院师生,得知复校的消息,从全国各地纷纷归来。

唐山工学院实际存在的事实,和社会舆论的支持,迫使教育部承认了它的合法存在。1938年3月,教育部任命茅以升为唐山工学院院长。

国立交通大学包括三部分:唐山工学院、北平铁道管理学院和上海交通大学。唐山工学院在湘潭复校,得到教育部承认后,从北平撤出的铁道管理学院,也归并到唐山工学院,成为铁道管理系。上海交大也有部分学生前来就读,全校在册人数激增,湘潭的临时校舍不够用,于是又迁往长沙附近的杨家滩,租赁房舍继续上课。

在工程学院内设立铁道管理系,在当时各大学的系科设置上没有先例,但茅以升绝无门户之见,非常关注它的发展。学习条件相对安定后,这个系4个年级共约160名学生。茅以升为它配备了8位教授,1位讲师,另有2位兼职教授。为了拓展管理系学生的知识面,增加他们将来适应社会需要的能力,还给他们开了微积分、工程制图、铁道工程、机车构造等理工科课程,这在当时国内各大学的课程设置上,也是一种创新。

1938年11月,日寇南侵,长沙警备司令酆悌准备弃城逃跑,没有疏散市民,就下令放火烧城,造成一万多间房屋被毁,许多人葬身火海。

大火最终被当地驻军和市民奋力扑灭,但造成社会秩序大乱,人心惶惶。唐山工学院被迫再度南迁。12月1日到达桂林,第二天就遭遇日本飞机轰炸,复校后购置的图书、仪器和其他公物,以及80多名学生的行李,化为灰烬。桂林已不是安放书桌之地,于是再往贵州迁移。

茅以升带领300多名师生沿着湘桂铁路和黔桂铁路,攀越苗岭瑶乡,向前进发。当时正是严冬季节,雨雪交加,道路泥泞,师生们风餐露宿,饥寒交迫,经过1200公里的跋涉,于1939年春节,到达贵州省的平越县。

2. 山沟里的文化城

茅以升决定学院就在平越安顿下来,恢复上课,经他多方游说,获得了贵州省政府的支持。省政府令平越县对学院予以妥善安置。平越县的开明士绅和居民热烈欢迎学院的到来,积极帮助安排房屋和师生的生活,有的人家让出较好的房舍供学院使用,自家则住进偏房或柴屋。

由于平越县各方的大力协助,学院很快就具备了复课的条件,在县城内孔庙的大门上,"国立交通大学唐山工学院"的牌子又挂了出来。

平越县城地处崇山峻岭之腰,长年雾瘴笼罩,既不通铁路,也不通公路。约500户居民被封闭在高厚的城墙内,生活穷苦不堪,有人用"天无三日晴,地无三尺平,人无三分银"来形容平越人的生活环境和贫困状况。学院迁到平越的最大好处是,敌人的飞机绝对炸不到这里来,敌人的军队也很难到这里来,在这里可以安心读书。

刚到平越时,有部分师生不能适应,对为什么迁到这里不理解,思想浮动,茅以升及时召开师生大会,恳切地向大家说明他四处奔走,选择校址的过程,呼吁大家精诚团结,共同度过艰难时期。师生们被他的恳切之情感动,消除了疑虑和怨言,逐渐安下心来。

在平越的几年是相对安定的,茅以升凭借他的个人声望,聘请重庆、昆明、贵阳等后方大城市的知名学者、专家、教授,到这穷乡僻壤定居任教,陆续聘齐了土木、矿冶和管理三系的教师,并建立了图书馆和实验室,为学校奠定了最基本的教学条件。

他还利用寒暑假,邀请各学科的学者、教授,到学校作短期的学术讲座。他还特别注意把最新的知识教给学生,亲自开设了土壤力学、岩床钻探术——地球物理学的运用等新课题的专题讲座。

对于学校的管理,茅以升排除国民党的干扰,坚持实行由院长、行政和教授组成的"院务委员会"管理,由院务委员会商议决定学校的重大事务。

他还实行"三长"上讲台制,即要求教务长、训导长和总务长都必须开讲一至两门课程。教务长和总务长都由教授担任,开课自然不成问题,唯独训导长是教育部委派的国民党党务骨干。这种人不学无术,怎能登上这所名牌大学的讲台,只好在星期六下午到礼堂向一年级学生宣讲"三民主义"和"总裁训示"，学生们也乐得借此机会，闭目养神两个小时。

当时沿海地区沦陷，学院招生仅限于非沦陷区，新生的数量和质量都得不到保证。为了保证新生素质，使沦陷区学生也能来大后方上学，茅以升征得教育部同意，扩大了招生范围，由学院写信给沿海地区较好的中学，请推荐保送品学兼优的学生，经学院审查录取，免试入学。

在茅以升的领导下，学校教职员工同心同德，在艰苦的环境中为国家培养出大批优秀人才。真是山沟里飞出了金凤凰，赢得了良好的社会声誉。但他并不以此为满足，还为学院制定了宏伟的发展规划，准备以现有的系科为基础，逐步把学院建成一所综合性的理工大学。为此他曾向教育部呈请先增设机电系，但在当时的战争环境中，没能获得批准。

学院在平越的一个附带成果是，带动了当地农副业、商业和服务业的发展。为了满足学院师生的生活需要，平越县城内一批百货店、食品店、洗衣店、缝纫店、小吃店相继开业，使得原来十分萧条的街市，逐渐热闹起来。

然而，变化最大的还是文化教育事业。平越只有一所初中，小学也寥寥无几，学生初中毕业后续读高中，必须到贵阳去，很不方便。唐山工学院教职工的子女上学和升学也成了问题。茅以升与当地士绅协商，让学院的适龄子女在当地中小学上学，学院选派优秀大学生到中小学义务讲课。这一提议得到了当地各界人士的热烈欢迎。在短时间内,中小学的教学质量有了明显提高,当地适龄儿童的入学率也比以前显著提高。

随着中小学生人数的增加和教学质量的提高,初中毕业后的升学问题变得突出起来。为解决许多学生毕业后,无力外出继续求学的困难,茅以升又与当地士绅协商,创办一所高中,很快达成共识。于是,有房的出房,有钱的出钱,经过一年多的筹划准备,"国立唐山工学院中山中学高中班"终于开学了。教师全由学院的教授兼任。他们也把学院严谨治学、刻苦钻研、艰苦朴素、实事求是的学风带进了高中班。从这个高中班毕业的学生大多品学兼优,很多人考上了名牌大学,升学率在全省高中里名列前茅。

在这个偏僻的山区小县里,突然进驻了近千名有较高文化素养的人,并形成了从小学到大学的完整教育系统。平越一时间成了远近闻名的"文化城"。

1942年,唐山工学院改名为交通大学贵州分校。茅以升辞去院长职务,赴贵阳任交通部桥梁设计工程处处长,他虽然离开唐院,却仍然非常关注唐院的发展。

1944年12月,日寇侵犯黔南,唐院又被迫向西迁移,图书、仪器几乎全部毁坏散失。唐院又面临存亡关头,茅以升会同赵祖康等唐院校友,多方努力,将师生们接到重庆,再转移到四川璧山县丁家坳,在交通部技术人员训练所旧址复课。

抗战胜利后,唐院迁回唐山。1949 年 1 月,中华人民共和国成立前夕,国民党教育部命令学院迁往江西萍乡,师生都不愿前往,纷纷跑到上海集结,但何去何从,莫衷一是。他们找到老院长茅以升,请求帮助。茅以升为他们在上海徐家汇安排下住处。

恰在这时,唐振绪教授从台湾返回上海,茅以升就推荐他暂时主持唐院事务。唐振绪是 1935 年的唐院毕业生,毕业后赴美国留学,1943 年回国后,一直与茅以升共事。他自请为代理院长,积极筹备唐院在上海复课。国民党教育部不得不承认既成事实,正式任命唐振绪为院长。

上海解放后,唐山工学院由中央人民政府铁道部接回唐山。1949 年 11 月初,茅以升赴唐山就职,唐院师生倾校出迎,排满了自车站至学校的三里长街,充分表现了唐院师生对茅以升深厚的敬仰爱戴之情。

3. 从重庆到上海

国民党政府交通部 1942 年任命茅以升为桥梁设计工程处处长,是要他负责滇缅公路桥梁的修理和加固,因为日本人占领了我国从东北到东南的广大地区,美国援助中国抗战的物资主要通过滇缅公路运进来,而这条公路上的一些桥梁急需修理和加固。

当时正处抗战时期,根本谈不上像样的工程建设,大批工程技术人员无用武之地,生活也没有保障。茅以升高瞻远瞩,考虑到战后国家的建设,肯定需要大批工程人才,现在国家无论怎样艰难,也应为战后的建设培养和储备人才。于是,他向交通部建议,成立中国桥梁公司,靠公司的经营活动,安置桥梁技术人员;同时,公司还可作为工科学生实习的基地。交通部接受了他的建议,并委托他主持筹备成立工作。

1943年4月,中国桥梁公司在重庆成立,茅以升任总经理兼总工程师。

桥梁公司把一批工程技术人才聚积了起来,可是由于战争,国家建设处于停滞状态,桥梁公司很难承揽到像样的工程项目,所以从成立开始,就时时处在困境中。茅以升决定抽人经商,用赚来的钱养活公司员工,虽然收入微薄,却也能维持温饱,解除了科技人员的后顾之忧。一些人指责桥梁公司经商是不务正业,他根本不予理会。

在无工可做时,他就安排公司员工学习、研究桥梁技术,提高业务素质。在兵荒马乱、人心惶惶的年代,这批人竟能沉下心来,埋头学习、研究,有人讥笑这是"闭门造车,纸上谈兵",茅以升还是不予理会。他建议成立桥梁公司的目的之一就是为国家建设储备人才。这批工程技术人才在新中国成立后,成为大型桥梁建设的科技骨干。

1944 年,日寇进逼贵州,威胁大后方,桥梁公司的处境更加艰难,再加上在广西的资产全部丧失,业务无法开展,濒于倒闭。恰在这时,美国政府要求我国派遣各科人员赴美学习。茅以升从培养人才着眼,不顾公司经济拮据,毅然决定选送一批人员参加考试,多被录取。出国人员原来的薪水,照发给家属,直到回国。出国人员深受感动,他们全都如期归来,而且各有专攻,成为国家建设的栋梁。

即使在最困难的时候,茅以升也不忘提醒公司的技术人员,要着眼于将来的建设需要和科技的发展,深入研究大跨度桥梁、钢结构制造、活动桥、水上沉管、隧道等技术,并组织搜集参考资料,为建造武汉长江大桥、上海越江大桥及修复遭破坏的桥梁作准备。这些研究在当时是无利可图的,但他着眼于未来,是不能用金钱来计量的。

抗战胜利后,茅以升认为大规模的国家建设即将开始,桥梁公司到了用武之时,但它偏处重庆,活动极不方便,因而准备迁往上海。1946 年 6 月,中国桥梁公司在上海成立分公司,作为搬迁上海的先行准备。

这时,教育部任命茅以升为北洋大学校长。茅以升正主持修复钱塘江大桥,同时又忙于桥梁公司搬迁和再成立分公司之事,不愿接受这一任命。反复推辞,不获准许。最后达成妥协,北洋大学校长一职暂由别人代理,待他办完这边的事务后再去就任。

他现在一心所想的是,利用桥梁公司的技术力量,为中国多造几座大桥。此后几年,他的主要精力都花在筹划建造新大桥和修复遭破坏的桥梁上。

但是,国民党发动的全面内战使他建造新大桥的愿望化为泡影。

1947 年 6 月,上海交通大学发生了争民主、争自由的学生运动,学校当局企图弹压,激起学生更大愤怒,事态进一步扩大。因为茅以升在工程教育界德高望重,教育部就任命他为上海交大校长,以解决学潮,并提供给他一份有 90 多名学潮积极分子的"黑名单",要他予以开除。

为了保护进步学生,他接受了这一任命。到任后,他联络了一批工程界、知识界的名人,组成了一个校务整理委员会,利用和缓的方法使学潮自然平息下来,没有开除一名学生,仅停了 12 名学生一学期的课,对上应付了事。

4. "上海解放,你是有功劳的!"

从 1948 年底开始,解放战争进入了决战阶段。经过辽沈、淮海两大战役，解放军取得了决定性胜利，北平、天津的几十万国民党军队也处在解放军的包围之中。国民党政权大势已去，党政要员纷纷自谋出路。上海市长吴国桢辞职，由陈良继任。陈良的妻子李佩娣是茅以升留学美国时的同学，深知茅以升才能卓越，声望极高，就建议陈良任用他。

1949年5月2日，陈良任命茅以升为上海市政府秘书长。第二天，李佩娣拜访茅以升，催促他马上就职。

茅以升多次坚决拒绝，最后称病住院。李佩娣仍几次来医院劝说，他仍坚持不答应。

茅以升在1948年就参加了中国共产党领导下的一个半公开组织——中国科学工作者协会。该会会员大多是爱国知识分子，准备在国民党政权垮台后为国家建设尽一份力量。中共地下党组织得知茅以升被任命为上海市秘书长的消息后，马上通过协会成员转告茅以升，希望他暂且委屈就职，替人民办两件大事：一是设法营救出被关押在龙华监狱的300多名爱国学生；二是尽力阻止国民党军队退出上海时炸毁电厂、自来水厂等工厂。他答应促成这两件事，但实在不愿就任上海市政府秘书长一职。

李佩娣再来劝说时，他提出了这两个条件。

李佩娣马上与陈良商议，答复说，放出龙华监狱里的学生还可以考虑，而要军队退出上海时不破坏工厂却比较难，因为这要由上海守备司令汤恩伯说了算。

不久前,茅以升就已经与中国工程师协会董事赵祖康等五人到南京,向李宗仁代总统和何应钦请愿,要求国民党军队退出上海时保存公用设施和工厂。李宗仁同意并发出了指示,但汤恩伯只听蒋介石的,不买李宗仁的账,扬言退出上海时要炸毁上海的公用设施和工厂。

5月8日晚上,李佩娣突然打来电话。

"茅先生,"李佩娣说,"为了保住上海的工厂,你明天晚上必须当十几分钟的上海市政府秘书长,去瑞士领事馆参加一个各国领事的会议……"

第二天晚上,茅以升按李佩娣说的时间到达瑞士领事馆,各国领事都已到齐。会议由瑞士领事主持,一致通过了一个书面声明,要求国民党军队退出上海时不要破坏公用设施和工厂。这份文件由所有领事签字后交给茅以升。他对各国领事对上海的爱护深表感谢,并代表上海市政府表示,一定要尽力与军方接洽,保护上海不遭破坏。

他随即将这份声明交给陈良转给汤恩伯。汤恩伯弃城逃走时没有敢破坏,与这份文件有很大关系。

陈良以为,茅以升去参加各国领事会议,表明他已同意就任上海市政府秘书长,于是登报宣布,将于5月10日在天蟾舞台为他举行就职典礼。但茅以升仍称病,拒绝参加,典礼也就无法举行了。

5月24日，上海解放。第二天茅以升就出了医院，得知龙华监狱的300多名学生都安然出狱，各工厂也没有遭到破坏，觉得自己为上海的解放尽了一份力量，心中感到欣慰。

5月29日，由中国科学工作者协会发起，上海的34个科技团体组成"上海科学工作者联合会"，推举茅以升为主席。

6月15日，陈毅市长宴请上海各界知名人士，一见到茅以升，就紧紧地握住他的手说："上海解放，你是有功劳的!"以后陈市长每次见到他，总是亲切关怀，诚恳鼓励，使他觉得如沐春风，心中倍感温暖。

6月30日，上海举行中国共产党成立28周年庆祝大会，茅以升在发言中说："党是建国的总工程师，我们参加建国的工程师，都要永远跟着总工程师走。"

"茅先生，"会后，陈毅市长特意走到他面前，称赞说，"你的发言好极了!"

"党是建国的总工程师"，茅以升从上海刚解放时得到的这个信念，贯穿了他的后半生，从来没有动摇过。1981年，已经80多岁的茅以升，以《党是建国的总工程师》为题，写成一篇文章，系统地表达了自己的这个信念，发表在《人民日报》上。

八

　　毛主席每次见到他,总是亲切地称他为"本家"。他第一次见到周总理,就和总理建立起相互信任的关系;周总理对他委以重任,他有什么建议提出,总能得到周总理的重视。

1."是科学家,非常欢迎!"

　　1949 年 8 月底,茅以升接到华东局统战部的通知,全国政协筹委会已经商定,推举他为科学家代表,到北京出席政协会议。9 月 2 日,华东局统战部在上海为即将赴北京开会的政协代表举行欢送会。9 月 8 日,茅以升踏上了开往北京的列车。

　　政协会议开幕前夕,毛主席接见了科技界的政协代表,当主持人向毛主席介绍茅以升时,毛主席诙谐地说:"嘣!我们是本家嘛。"使茅以升感到很亲切。

　　9 月 13 日,周恩来总理举行欢迎政协代表的招待会,茅以升应邀参加。他刚走进招待会大厅，周总理就迎上来，一面和他握手，一面说："是科学家，非常欢迎！"入席后，周总理又与他进行了亲切的交谈，话虽不多，但从上海的解放到旧中国的交通情况，都谈到了。

茅以升后来回忆道："我第一次见到周总理，就好像他是我的一个久别的知己，感到无比亲切。"

从此，他和周总理之间建立了相互信任的关系。周总理对他委以工程技术的重任；他有什么建议向周总理提出，总能得到总理的重视。

1949年10月1日，茅以升和其他政协代表，同毛泽东主席、刘少奇副主席、周恩来总理、朱德总司令一起登上天安门城楼，参加中华人民共和国开国大典。听到毛主席用激昂的声音向全世界宣告：中华人民共和国中央人民政府在今天成立了！他的心情无比激动。

中华人民共和国成立前夕，新政权的铁道部将唐山工学院与北京铁路管理学院合并，命名为"中国交通大学"，后改名为"北方交通大学"，交大师生一致要求茅以升来任校长，中央政府就临时委派他任中国交通大学校长。

1950年5月20日，茅以升主持召开了中国交大第一次校务会议，围绕交大的培养目标展开讨论。茅以升在会上提出，交大要遵照铁道部的指示，培养为社会主义服务的高级科技人才。

在校学生要有劳动观点,要有"五四"革命精神,要理论联系实际,成为铁路科技队伍的后备力量。

9月6日,政务院做出决定,正式任命茅以升为北方交通大学校长,兼任铁道研究所所长。

1951年2月6日,中央人民政府举办春节团拜会,茅以升和其他几位大学校长应邀参加。周恩来总理向毛泽东主席介绍说:"这位是北方交通大学校长茅以升先生。"

"我们早已认识了。"毛主席回答总理,然后又对茅以升说,"咱们是本家嘛!"

"我带来了交大师生的一个请求,"茅以升在团拜会期间向毛主席提出,"请毛主席为我们题写校名。"

"我的字写得不好。"毛主席笑着说,"我给清华大学题的字,有个同学来信说,你写的算个啥,有一个字我就不认识。山东一位老先生给我一封信,说我有一篇文章中一个字用得不恰当——哈哈,一字之师嘛!"

毛主席说到这里,话锋一转,说:"如果你不嫌我的字难看,那我就答应下来,过几天给你送去。"

果然没过几天,铁道部转来毛主席题写在中央军委信笺上的两行"北方交通大学",让从中选一行。毛主席在一行字旁边画了小圈圈,显然他认为那一行较好。大家仔细欣赏,比较,也认为画圈的那一行更好,于是就用那一行字制成了校牌和校徽。

直到现在,北方交通大学的校牌,还是当年毛主席的亲笔题字。

2. 再倡教育改革

茅以升自留学回国后,大半时间从事工程教育,深知中国各工科大学照搬欧美的工程教育制度的弊端,早就呼吁改革,而响应者寥寥。随着新中国的建立,他认为建立一种全新的教育制度的时代来临了。

上海解放还不到一个月,他就撰写了一篇专论——《教育的解放》,投寄给上海《大公报》,他在文章中说:

"我国的教育,虽经 50 年改良,仍是为教育而教育,既保留了封建的灵魂,又承袭了欧美的躯壳,因此,完全与我国社会脱节,只能造成特殊阶层。现在,我们既已在政治上得到了翻身和解放,便应对教育工作进行彻底的检讨和大胆的改革,来谋人民教育的新生。"

中国共产党请他到北京来参与讨论国家大事,并委以北方交通大学校长的重任,使他感言难尽,更激起了他呼吁教育改革的热情。

1950 年 4 月 29 日,他在《光明日报》上发表了题为《习而学的工程教育》的专论,进一步分析了旧教育制度造成理论与实际脱节;通才与专才脱节;科学与生产脱节;片面追求理论教育的质,而严重忽视培养人才的量等弊端。

他认为造成这些缺点的原因是过分强调"知而后行""学以致用",从而形成"学而时习之"的传统教育。这种教育思想违背了人的认识规律。人对客观事物的认识是一个由感性认识上升到理性认识的过程,根据这个过程,学习的原则应该是先易后难,循序渐进。而过去的大学工程教育却正好相反。大学一年级先学微积分和物理学等高度抽象的基本理论课程,而把接触实际的实习课放在高年级。学习成了先难后易。

针对以上情况,茅以升呼吁将过去的教育制度和教学方法彻底改革,提出"习而学"的教育顺序。它的原则是让学生先知其然,后知其所以然。新生入校后,先到工厂、工地实习,了解各专业生产的实际情况,暂不必了解其理论基础。然后再学习专业理论和基础理论,用这些理论来贯通在实习中得到的知识,明白这些知识的道理。这样先习后学,边习边学,既可培养出大量的擅长某种实际工作的一般人才,又可培养出一批既精通理论又擅长实践的高级人才。

这种新的工程教育,任何一个年级都可以毕业就业,不一定等到四年或五年才算毕业。一年级的毕业生可以在施工现场为工长,二年级的毕业生可以为设计技术员,读完全部学制的可以做研究工作或做教授。

这种新的工程教育，既可以满足不同层次的人才需要，又可以满足不同知识程度的人的学习需要。一个人已经工作了若干年后，感到有深造的必要，就可以根据自己的知识程度，进入大学不同年级继续学习，因此，大学的任何一个年级都可以招收新生。

茅以升的文章发表后，在科技界和教育界引起了反响，著名科学家马大猷、钱伟长等人也发表文章，赞成茅以升的基本思想，并提出了自己的具体意见。茅以升于6月4日在《光明日报》上发表题为《工程教育的方针与方法》一文，对自己的教育改革思想作进一步的解释，1951年9月，他又在《自然科学》杂志上发表题为《工程教育中的学习问题》的文章，对自己的教育改革思想予以重申和补充。

他怀抱着非常真切的希望，要在新的时代里闯出一条教育体制改革的新路，但是，他提出的变革牵涉面太大，任务太艰巨，要准备新的教材、新的师资、新的入学和毕业考核办法，要完成这一切，没有一个庞大的班子是不行的。当时的教育主管部门也不敢贸然接受他的意见。

1952年5月，茅以升卸下了北方交通大学校长职务，专任铁道技术研究所所长。他虽离开了教育界，却仍然一如既往地热心教育改革事业。

他的教育改革设想在正规大学里难以推行，于是就转而把希望寄托在新中国成立后得到了很大发展的业余教育领域。

当时的业余教育，是把普通专业学校的教学计划、授课程序，以至于教科书，都成套地照搬过来，完全忽视了职工学员和脱产学生的区别，使教学效果受到严重影响，在职学员往往把业余教育当作"远水救不了近火"，学习很难坚持到底。

针对这种情况，他提出，他的"习而学"的教育改革设想，应首先在业余教育领域内推行。1957 年 2 月 12 日，他在《光明日报》发表《业余教育要能利用业余的优越性》的专论，提倡在业余教育中，充分利用职工学员的生产知识和技术经验，从他们的现有基础出发，进行科学理论教育，使职工学员喜闻乐见，易于接受。

对于他的这些意见，有人赞赏而无人试行，但他并不气馁，而是从科学知识系统的特征和规律中为自己的改革思想寻找更坚实的理论依据。

他看到，如何使大学生将科学与生产结合起来，如何在业余教育的理论学习中，利用学员的生产知识和技术经验，这里有一共同问题，即如何教授科学的基本理论。为解决这一问题，他将科学知识分为两种，一种是指数学、物理、化学等各个学科，他称之为"专门科学"。稍后又改称为"学科科学"；另一种是关于各个专业生产领域里的技术和物质现象的理论，这些理论都是若干学科理论的综合，他称之为"专业科学"。"专业科学"的理论,是与专业生产相结合的,用这种理论来进行大学教育与业余教育,就能够解决他在 1950 年指出的几个"脱节"问题。

1961 年 3 月 6 日、7 日,《光明日报》发表了他的《试论专业科学与专门科学》一文。后来他又继续发文予以充分论述。

1962 年 5 月,他又将自己的教育思想加以系统整理,写成了《建设一个为社会主义服务的教育制度》的手稿,主张形成一个人人生产、天天学习、处处研究、学用一致的社会。

"上述教育制度的一个主要精神是,'学到老',每个人都不以得到'学士'学位为满足,"他在文章中写道,"这样,经过一定时期,比如三五十年,我国就有可能普及高等教育,最后达到消灭体力劳动与脑力劳动的差别。"

1963 年 7 月,在全国人大常委会的一个小组会上,茅以升作了"建设一个为社会主义服务的教育制度"的专题发言。周恩来总理审阅了他的发言记录,评价很高。

根据周总理的指示,人大常委会当即把文稿铅印出来,分发了 300 份。但是,有关部门对茅以升的意见仍然怀疑,害怕打乱了已有的教育秩序,研究之后就没有了下文。

3. 铁道科学研究院 30 年

茅以升是新中国铁道科学研究的创始人。1950 年,他兼任铁道技术研究所所长，1952 年，他专任该研究所所长；1956 年，铁道技术研究所改称铁道科学研究院，他改任院长。此后一直到 1980 年离任，他主持这个研究机构达 30 年之久，为新中国铁道科学研究的奠基和发展做出了巨大贡献。

在运输部门开展科学研究，学习的是苏联的经验，在中国是新鲜事物。铁道科学研究机构与各铁路局、工厂、工程局、设计院等单位，如何相互配合好，使铁道科研适应铁道建设和运输的需要，更好地为铁路建设和运输服务，以前没有先例，需要借鉴外国经验，摸索前进。

铁道科学研究院是铁道部门的研究中心，而铁道科学是一门内容极其复杂，理论又很高深的综合性"技术科学"，需要一批专门的研究人才和一套特殊的研究手段，还需要有相当规模的研究基地，而在新中国成立之初，我国的铁道科研人才缺乏，科研手段落后，也没有像样的科研基地。

这一切都要由茅以升来主持解决，他深感责任重大。

研究机构是成立了，但怎样建设好、管理好这个机构，研究规划和研究计划怎样制订才符合实际，研究成果怎样才能又快又好地运用到实际中去等问题都摆到了他的面前，诸如此类的行政事务，要花费他大量的时间和心血。他作为著名工程专家和科学家，还是全研究院的科研带头人，要亲自参与或指导具体项目的研究工作。

除此之外,他作为历届政协委员和人大代表,全国科协和北京市科协负责人,土木工程学会理事长,土力学和基础工程学会理事长,还要不断参与讨论国家大事,参加许多社会活动和学术会议。他的生活是何等的紧张,工作是何等的繁忙,但他凭借积极的人生态度、认真负责的精神,敏捷的思维能力和极高的工作效率,每个职务都担当得很出色,尤其是他的本职——铁道科学研究院院长。

经过一段时间的探索,他提出了科学院的工作方针和任务。方针是:"一切为科研,科研为运输。"任务是:"针对铁路生产建设的技术关键,选定铁路发展中的重大、综合、长远理论方面的问题,引进消化国际先进技术,解决铁路现代化的各种科学技术问题。"

在这一思想指导下,科学院的工作很快走上了正常的轨道,为铁路建设和运输解决了一个又一个的难题,取得了越来越丰硕的研究成果,使科学研究院在铁道建设中的重要作用逐渐显现出来。

1955 年,茅以升亲自选定地址,在北京东郊建成了世界少有的铁道科学大型试验基地,使我国的铁路科研上了一个新的台阶。

他一到科学院,就提出了"生产、教育、科研三位一体"的思想,经常举办各种专业学科的训练班,帮助院内院外的研究人员和技术人员提高业务水平,培养出了一批又一批的铁道建设和研究人才。

1978 年,铁道科学研究院开始招收研究生,并成立了研究生部,茅以升还亲自担任研究生导师。铁道科学研究院又成了培养中国铁道高级人才的基地。

4. 两项伟大工程

20 世纪 50 年代,茅以升参与了我国两项伟大的建设工程——武汉长江大桥和人民大会堂的设计、建造,并在工程建设中发挥了重要作用。

建造武汉长江大桥是他多年的理想,新中国成立前他曾花费了很多时间和精力,完成了一个设计方案,但国民党政府一心打内战,不可能把他的设计变成现实。

新中国刚成立,中央人民政府就决定修建这座大桥。自1950 年起,就开始了对江底的地质钻探,经过了 3 年多时间,准确而详细地掌握了江底地质的全貌,选出了最合适的桥址线,与茅以升的设计方案中的桥址线基本一致。

1953 年,我国请苏联交通部作出武汉长江大桥的初步设计,并经苏联的鉴定委员会作出鉴定结论,正式发表。武汉长江大桥为铁路、公路双层联合大桥,大桥的铁路与公路的安排,正桥桥墩基础与上部钢梁结构等重要部分,都与钱塘江桥相似。

我国铁道部成立了武汉长江大桥工程局,局长是彭敏,汪菊潜任总工程师。并成立了武汉长江大桥技术顾问委员会,由茅以升、罗英等 26 位专家组成,茅以升任主任委员。

早在 1950 年秋,政务院就曾召开讨论武汉长江大桥建设方案的专门会议,茅以升应邀参加。周恩来总理向他详细询问了大桥的设计、施工等情况。会后又对他说:

"你有建造钱塘江大桥的经验,希望你对这座大桥多多出力。"

"总理对我这样信任,"他非常感动地回答,"我一定尽最大的努力。"

茅以升始终关心大桥的进程,随时准备利用自己的知识和经验,为大桥的建设尽心尽力。

大桥工程局在施工期间,先后向技术顾问委员会提出了 14 个重要技术问题,都由茅以升主持召开委员会进行讨论,作出答复,都得到了良好效果,保证了工程质量。

武汉长江大桥规模巨大,桥上要通过双线铁路,六排汽车道和四排人行道,桥下还要在高水位时通过十几米高的大轮船。以前规模最大的桥梁是钱塘江大桥和津浦铁路黄河大桥,而武汉长江大桥的规模要比它们大得多。

茅以升对武汉长江大桥的建造感到由衷的高兴,抑制不住内心的激动。他认为大桥在一切技术设施上采用了最新的科学技术成就，发挥了人力、物力和财力的最大效果，是新中国桥梁建设的了不起成就，应该让全国人民和全世界都知道。

1955年10月4日，他在《人民日报》上发表《武汉长江大桥建设和施工的先进性》一文，文中重点介绍了建造大桥桥墩基础所创造的"管柱钻孔法"。

钱塘江桥和津浦铁路黄河大桥的桥墩基础都是采用"气压沉箱法"建造的，苏联专家的武汉长江大桥设计方案也采用了这种方法，但中国的工程专家深知"气压沉箱法"的局限性。

首先，工人在高气压下工作非常劳累，有损健康；其次，箱内容许工作的空气压力有限，如果水深超过37米，工人就无法下去，这个方法就失效了；再次，气压沉箱法需要很多机具和大批熟练掌握专门技术的工人，我国还缺少这样的工人。

这些缺点在黄河桥和钱塘江桥都很明显，虽然都克服了，却大大延长了工期，而在武汉长江大桥，这些缺点就更难克服。因为武汉长江水深40米，高低水位最多相差19米，每年的高水位期可持续8个月，如果也采用气压沉箱法，每年就只能施工3个月，显然是行不通的。

于是，武汉大桥工程局对设计方案加以修改，将"气压沉箱法"改为"管柱钻孔法"。

这种方法是：把很多直径同12人围坐吃饭的大圆桌面积差

不多的空心圆形钢筋混凝土"管柱"沉到江底岩盘上,再在管内用大型钻机钻进岩盘,打出一个同管柱内径相等的孔,把这个孔连同上面空心的管柱,全部用混凝土填满,使每个管柱成为一根深深嵌入岩盘的混凝土圆柱;然后再用一个直径比管柱大十倍的圆形"围堰",把这"管柱群"围起来,并在围堰上下两头用混凝土把各管柱间的空隙填满,使这些管柱又联系成为一个庞大的圆柱,这就做成了桥墩下部牢固的基础了。

这种方法,使所有水下工作都由人在水面上操纵,不受水深限制,不损害工人健康,因而可以常年施工;所需机械,除去大型钻孔机外,都比较简单,因而可以提前开工。这就解决了长江大桥施工的特殊困难,还可缩短工期。

1956年,茅以升写成《武汉长江大桥》一书,由科普出版社出版,这是一本大桥建筑工程的纪实,但里面没有深奥的定理和公式,是一部向广大人民群众介绍武汉长江大桥的优秀科普著作。

他还利用出国访问和参加学术会议的机会,大力介绍和宣传武汉长江大桥的建设成就,轰动了全世界的桥梁工程界。

武汉长江大桥完全靠我国自己的人力、物力、财力建成,是亚洲当时最大的现代化大桥。从1955年9月正式开工,到1957年10月15日建成通车,仅用了两年多时间。

茅以升亲赴武汉参加了盛大的通车典礼。武汉市民纷纷拥向桥头,用步行过桥来表达心中的喜悦,从早到晚,人流不断。

很多人感觉到桥身晃动,一些在桥上的桥梁工程师也感觉到了。有的说晃动较大,有的说晃动很微弱。

这是怎么回事?在场的众多专家都拿不出确定的答案。

茅以升经过一年多的研究,从科学原理上对这一现象作出了解释,认为这不是大桥的设计和建造有什么问题,只是有些共振现象,满布路面的人群不是一般公路桥梁应当考虑的加载设计情况,可以忽略。但他的解释是否正确,无法验证。后来,1973年土耳其海峡悬索桥通车时,和1987年美国金门桥庆祝通车50周年时,都因桥上行人太多而出现晃动,造成惊惶局面,证实了茅以升的解释是正确的。

1958年冬,人民大会堂开始在北京兴建,要保证1959年10月1日庆祝中华人民共和国成立10周年时使用。工程规模异常宏伟,在建筑艺术和结构设计上都有很高要求。1959年2月,北京市人民委员会邀请55位国内著名建筑师和工程专家,来京审查鉴定建筑方案,分为建筑组和结构组。结构组由18位专家组成,茅以升任组长。

当时大会堂的结构工程,已在紧张进行,但经调查试验,发现原来的结构设计,有不合理之处,如果照此施工,势必留下隐患。他领导结构组专家精心研究,对所有构件及其布置,一一做了复查,建议修改和补充,拟成报告书,上呈北京市人民委员会和周恩来总理。

周总理亲自审阅报告书,并一再询问大会堂的安全程度,最后指示:"要茅以升组长签名保证!"

茅以升知道,这是总理对自己的最大信任,但同时又感到责任重大。他对报告书再做了一次仔细核算,签名呈上。但由于责任太大,总还放心不下,直到大会堂经过中华人民共和国成立10周年国庆活动后,安然无恙,他才感到如释重负,为自己完成这一重任而由衷地高兴。

5. 开拓中国的土力学

一切建筑工程都离不开土,不但必须建造在土上,而且还要利用大量的土做成路基或建筑材料。但土又是最复杂的自然物,对它的利用虽然历史悠久,但从理论上去分析研究它,却是很晚的事。直到20世纪30年代,土力学作为一门科学才正式成立。

每一座大型建筑都要分为上部结构、基础和地基三部分,而地基对建筑物质量最为关键。据调查统计,世界各国各种土建、水利工程事故中,以地基问题处理不当引起的最多。而且,因地基问题造成的事故一旦发生,危害严重,补救困难。因此,土力学对于土木建筑工程行业至关紧要。

新中国成立前，土力学在我国几乎是空白。茅以升是首先注意这门学问的人，他因钱塘江底流沙与岩层的复杂情况而开始研究土力学，此后一直没有放弃，并在抗战中与国际土力学学会的创始人太沙基教授通信讨论。1948年，他又在上海发起成立中国土力学及基础工程学会。

新中国成立后，他是新中国土木工程学会的主要创立者，并历任第一、第二、第三届理事长和第四、第五届名誉会长。随着新中国基本建设的全面展开，他认为，从全国建设工作的需要出发，土木工程学会应当尽一切努力，普及并提高土力学知识。

1952年，在他的倡议和主持下，以铁道科学研究院和清华大学的土力学专家为核心，成立了中国土木工程学会下的土力学小组，每个星期天在北京市科协举办土力学学术交流和普及讲座，自愿来参加者常常在百人以上，形成了浓厚的学术研讨风气和团结协作精神。在他的推动下，这种学术活动也逐渐传播到了天津、上海、南京各地。

同时，对于土的勘探和试验工作，也在全国范围内普遍展开，不但所有重要工程都先从土的勘探试验开始，而且对于全国各地土的特殊性进行调查和实验研究，并在建筑工程的地基处理和基础建造上采用和推广新技术。

1957年，中国土力学及基础工程学会在茅以升的主持下成立，并致信国际土力学及基础工程学会主席太沙基教授，要求接受我国学会为国际学会的会员。太沙基教授当即回信表示欢迎。

同年8月，茅以升代表我国土力学及基础工程学会赴伦敦，参加第四届国际土力学及基础工程学术会议，在会上作了题为《武汉长江大桥的桥墩基础》的学术报告，得到了与会的各国专家的称赞，为我国土力学界在国际上取得了应有的地位。

1962年，茅以升在天津主持召开了第一届全国土力学及基础工程学会会议，并出版了论文集，标志着我国的土力学研究已走上成熟发展的道路。

1966年夏，又在武昌召开了第二届学会会议，因"文化大革命"爆发，会议的论文集未能出版，学会工作也陷于停顿。

1978年8月，中国土木工程学会恢复活动，茅以升任理事长。在他的领导和支持下，1979年成立中国土力学及基础工程分科学会，以铁道科学研究院为挂靠单位，他不再负责土力学及基础工程学会的具体工作，但仍时时关心学会的发展。他再三嘱咐继任者，要团结全国各地区、各部门从事土力基础工程的广大科技工作者，出版学报，扩大国内外的学术交流，以促进我国土力学科学技术的普及和提高。

从1979年开始，学会每四年召开一次全国性学术会议，交流讨论各部门、各地区的学术成果。

在国际学术活动方面，我国土力学会从1981年第十届国际土力学会议起,都推荐论文和派代表团参加每四年一次的国际土力学会议。应国际学会的建议,我国土力学会还于1988年8月在北京召开了国际区域性土工程问题学术会议,有20多个国家的近百位学者参加了这次会议。这表明了国际学术界对我国土力学研究和应用成就的肯定。

几十年中,我国的土力学与基础工程科学技术有了显著的发展和提高,有不少理论研究成果达到了国际先进水平,有的技术发展形成了我国的特色。土力学界的科技工作者长期进行跨地区、跨部门的学术交流和讨论,团结合作,形成了良好的学风,这些都与茅以升的长期领导、关怀分不开的。他为开拓和发展我国这一科学技术领域建立了不可磨灭的功绩。

6.“你不但是科学家,还是文学家呢!”

茅以升还是我国科普工作的先行者之一。

新中国成立前还没有“科普”这个名词,但茅以升却有意识地做了一些科普工作,如他在钱塘江桥的建造过程中,曾在上海出版的《科学画报》上连续发文,向社会介绍工程情况,就属于科普性质。而他在新中国成立前最典型的一件科普工作是翻译出版美国科普作家大卫·狄兹的《科学的故事》。

这本书是1932年在伦敦出版的。当时茅以升在天津北洋大学。有一天，一位政治学教授对他说：

"我最近看了一本书，是伦敦刚出版的，叫《科学的故事》，写得真好！我越看越有味，真是爱不释手，像我这样的科学外行，看了这本书后，可以充内行了。"

这位教授的话引起了茅以升的注意。他随后也买了一本，细读一遍，觉得果然写得好，读过后，连自己这样的内行，也觉得聪明了许多。他评论说：

"科学的内容本是世间最优美的故事，不过头绪很纷繁，义理很深奥，很难做到把它们讲得娓娓动听。这本书的作者，却能举重若轻，讲得头头是道，从宇宙讲到电子，从开鸿蒙讲到30年代科学发展的状况，有条有理地给读者一个全盘的知识。不把书看完，竟不会相信他能有如此的成功！"

因此，他觉得这本书对一般的外行都很有用，很想把它翻译出来，但是他没有时间。正在上学的大儿子于越知道他这个想法后，便自告奋勇，愿把它翻译出来。他对儿子大加赞赏和鼓励，把这个任务交给了于越。

经过一年半时间，于越将全书译出初稿。茅以升邀请精通英语的五位先生将译文对照原书审核了几遍，然后他自己又在杭州钱塘江畔的百忙中，一字不漏地校阅了一遍，并写了序言，于1937年7月在上海出版。

茅以升对这部科普著作情有独钟，到了晚年，他还希望有人能把近 40 年来的科学新成就增加到这本书中去,使它成为一部适合当代群众了解科学的普及读物。

新中国成立后,科普工作受到了党和政府的重视,茅以升成了科普创作成就最显著的科学家之一。

1950 年中华全国科学技术普及协会在北京成立,茅以升被推选为协会副主席。他这个科普协会领导人可真是名副其实,不但注重先进科学技术的推广应用,而且还写了大量的科普文章,向广大群众介绍科技知识。中华人民共和国成立后他在中外报纸和各种期刊上,发表过 200 多篇文章,其中属于科普性质的约占三分之一。

他是桥梁专家,对于有关桥梁的科学知识和历史知识早已烂熟于心,加上他深厚的文学修养,写起桥梁方面的科普文章来,真是如数家珍,妙笔生花。《启宏图,天堑变通途》《中国石拱桥》《桥梁远景图》《桥话》《桥名谈往》《名桥谈往》《五桥颂——泸定桥、卢沟桥、安平桥、安济桥、永通桥》《洛阳桥与江东桥》《天津的开合桥》《联合桥》《桥梁和桥梁技术》等文章,都是他在"文革"前关于桥梁的著名科普作品,其中的《中国石拱桥》于 1964 年被选入中学课本。

"石拱桥的桥洞成弧形,就像虹。古代神话里说,雨后彩虹是'人间天上的桥',通过彩虹就能上天。我国的诗人爱把拱桥比作虹,说拱桥是'卧虹''飞虹',把水上拱桥形容为'长虹卧波'。"

这是《中国石拱桥》的开头,写得多么富有美感!

茅以升的《桥话》于1963年2月开始在《人民日报》上发表,全文分四部分,四次发完。这四部分的题目是:"最早的桥""古桥今用""桥的运动""桥梁作用"。

毛主席读了《桥话》,很赞赏。1963年3月,茅以升出席全国农业科技会议,并与毛主席合影。

"你写的《桥话》我都看了,写得很好!"毛主席对他说,"你不但是科学家,还是文学家呢!"

7. 志在创建新力学

茅以升晚年曾回顾总结自己的一生,说到科研成就时,他不无遗憾地写道:

"在我过去的工作中,我曾断断续续地作过不少科研,来完成我承担的各种性质的任务。由于任务的不同,我的科研不可能专精于一门或一科,因而也未能写出一本专著,对某种科学,做出特殊贡献,只是在国内国外的日报和期刊上,发表过不少科学论著而已。"

茅以升青年时就创业成功,平生业绩,传扬天下,但他还为自己在科学理论上没有杰出建树而感到不满足。为了弥补这种不满足,他的后半生,志在建立一门新力学。

他早年在大学教书,独创"学生考先生"教学法,有学生问他"力是什么""作用力与反作用力为何相等",这些看似非常简单的问题,却涉及力学中的根本概念,回答起来很不容易。因此成了他的重要科研项目。

从字面来看,"力学"应是关于"力"的科学,但是,没有任何一本力学教科书能够说清楚,到底"力"是什么东西,至多只能搬出一些关于力的数学公式。就连力学奠基人之一的牛顿,虽提出了物体运动的三大定律,却也没有说出力的物理概念。

"力"这个名词也运用非常广泛,好像可以给它戴上任何一顶帽子。打开报纸,就可以看到生产力、生命力、劳动力、能力、脑力、体力等无穷多的力。在一般自然科学中也可以看到干扰力、亲和力、热力、水力等各式各样的力。至于力学中的吸引力、排斥力、摩擦力、静力、动力、重力等的力,更是数不清了。究竟所有这些力,指的都是些什么东西呢? 好像有多少种不能说明的现象,就有多少种力。

再拿人们熟知的"作用力"和"反作用力"来说,一个人重重地打了另一个人一拳,挨打者肯定感觉疼痛,按照力学的解释,这是打人者用在拳头上的力作用于挨打者身上的结果。但打人者拳头落在挨打者身上的一刹那,也会感到一种反弹力,按照力学的解释,这是挨打者对打人的拳头产生的反作用力,而作用力和反作用力是相等的，因此打人者并没有占到便宜。虽然学过力学的人谁也不敢说"作用力和反作用力相等"是错误的，但谁也不会把自己挨打当作打人。如果有谁发问："作用力和反作用力为何相等？为什么理论和常识之间的反差那么大？"恐怕就没有人能够从根本上解释得清楚了。

新中国成立后，茅以升开始努力学习马克思主义的唯物辩证法，逐渐认识到，传统力学中之所以存在很多矛盾和问题，是由于人们用形而上学的观点来理解和说明力的本质和作用，也就是用孤立的、静止的和片面的观点来看待物体运动，而根本问题就出在力学的基本概念上。他认为应以唯物辩证法为指导，从纠正力学的基本概念入手，建立新的力学体系。

到 60 年代，他对新力学的思考已比较成熟，开始在一些场合进行讲解，引起了我国力学界的重视。1961 年 3 月，著名物理学家钱学森曾代表中国力学会专访茅以升，商讨他所提出的力学基本概念问题。

同年，他写成了《力学中的基本概念问题》一文，系统地表达了他对力学体系的思考。文章首先列举了"力"这个概念在运用中的混乱情况。接着他用两个最简单的例子来说明力学中的概念问题。

一个例子是两人拉绳，拉紧后，绳不动，人也不动，绳既"势均"，人也"力敌"，用来说明"平衡中的运动"。绳子从松的情况而拉紧到势均力敌的"平衡"，经历了一个被拉长，也就是"变形"的过程。在这个过程中，绳内的每一"分子"都要移动，都有"变位"，所有各分子的变位就表现为绳子总的变形。绳子所以能平衡就是由于被拉长，而拉长就是使分子有运动，这就是"平衡中的运动"。

另一个例子是两个球在运动中相遇，快的赶上慢的，因而发生碰撞，在两球未相撞时，后面的球快于前面的球，两球的力是不一样的，但当两球相撞的一刹那，两球的接触面上产生了相等的力和反力，因而两球就处于一刹那的平衡状态中。这就是"运动中的平衡"。

无论是平衡中的运动，还是运动中的平衡，都是两个物体的相互作用。拉绳是手与绳的相互作用，手给绳"使劲"是给了"能量"而非给了力，绳子拉紧不能移动时，能量就存储在绳子上，稍松一点，绳子就将能量输出，绳子的松紧就是能量的输出与输入，从而产生不同的变形与变位、不同的力和反力。

两个球都在运动就都有能量，在运动中产生了变形，在相撞时的平衡中产生了变位。平衡随碰撞结束而结束，碰撞产生了两球能量的相互转化，改变了两球的能量与速度，随后，两球各以新的能量和速度继续运动。

从以上两个例子，可以知道运动与平衡、力与反力、变形与恢复、变位的进退等物理现象，都是两个物体相互作用的结果，也就是两个物体之间能量相互转化的结果,因此,物体之间的相互作用就包含着相互依赖和相互斗争的许多矛盾,正是这些矛盾推动着物体运动的发展。

经过以上的论证,茅以升得出结论说:"力学是物体运动的矛盾论。"

他接下来根据这个观点,对牛顿提出的物体运动三大定律做出了新的解释,并建议把这三大定律改称为"动性律""惯性律""矛盾律"。

根据以上的立论,他对现行力学教科书的形而上学观点展开了批判。

最后,他归纳全文,对建立辩证唯物的新力学提出了四点建议:(1)力学应当建立在矛盾观点基础上。(2)在力学中,以能量转化为贯穿物理现象的唯一线索,以力为分析平衡问题的数学工具。(3)要清除现行力学中的一切孤立、静止和片面的形而上学观点,特别要停止用以世界上没有的东西为对象的名词,如所谓"刚体""静力""动力"等等;要改革力学中罗列现象而不重视联系的缺点。(4)应当把力学中的分割阵地,按各种专业需要,分别统一起来,如把"理论力学""材料力学"两课同"结构学"等合并为一门学科,供土木建筑专业运用,同"机械运动学"等合并为一门学科,供机械专业运用。

到 1973 年,茅以升进一步明确提出"力学中的基本概念应当是能而非力"，并以这句话为题写成文章，对《力学中的基本概念问题》一文中的观点做出进一步的阐发和补充。

可惜的是，由于工作繁忙，事务缠身，他最终未能写出一部建立新力学的专著，但他留下的思想成果是非常具有启发性的。

8. 在"文革"中

1966年5月，"文化大革命"爆发，中国开始了"十年动乱"，全国的知识分子普遍遭到打击、迫害，无数专家、学者、教授被打成"反动学术权威"，茅以升也未能幸免。

"文革"刚开始，林彪、"四人帮"鼓动群众"造反"，各单位、各地区都成立"革命"群众组织，造原来的党政机关的反，大多数领导干部被群众组织审查和批斗。同时，为了点燃"革命"之火，还发起了全国性的"革命大串连"，整个中国陷入一片混乱中。

1966年7月，铁道科学研究院的"造反"组织把茅以升定为"资产阶级反动学术权威"和"反动政客"，勒令他搬出自己的办公室，与秘书挤在一间屋子里写交代材料。

就在当天，传来了周恩来总理的指示："一定要保护茅以升同志的人身安全，保证不能妨碍他的正常活动。"

由于周总理的保护，茅以升还出席了7月的最高国务会议，

8月18日还同毛主席登上天安门城楼接见群众。在铁道科学研究院,"造反派"对他还算比较客气,而其他几位老专家就只能几个人挤在一间小屋,像小学生一样并排坐着,写交代材料。

8月26日,对茅以升的批斗达到高潮。造反派给他戴上纸糊的高帽子,胸前挂着一个大纸牌子,上面写着"资产阶级反动学术权威"几个大字,把他押上了院内广场的批斗台。

台下的造反群众高呼着"打倒茅以升"等口号,台上的造反派头头在宣布他的"罪行",并逼令他交代"问题"。

"你说!"一位造反派头头逼令说,"以后我不坐小汽车了,再坐就打断我的狗腿。"

"你说! 你说!"台上台下一片狂吼。

这是对人格的公然侮辱,茅以升一生崇尚"士可杀而不可辱"的气节,但面对这一群像着了魔的人,是没有什么道理可讲的。

"我以后不坐小汽车了,"他很勉强地说,"再坐就打断我的腿。"

"不行!"台上有人叫喊,"你说,'打断我的狗腿',说'狗腿'。"

"说狗腿! 说狗腿!"台上台下许多人喊叫着。

但是茅以升就是不说"狗"字。在一阵威逼之后,他突然大声说:"有句话我不知该讲不该讲。"

"你讲吧。"台上人说。

"这个月18日，"他抬起头沉稳而有力地说，"我上天安门城楼，见到了毛主席。"

当时中国正盛行个人迷信，毛泽东的权威至高无上。茅以升这句话果真灵验，造反派们不再肆无忌惮地对待他了。

批斗结束后，他不知胸前的牌子怎么处理，问秘书，秘书也无法回答，又去问造反组织，回答说让他下班时把牌子放在传达室，上班时从传达室挂上牌子。

他被剥夺了坐小车的资格，每天乘公共汽车上下班。当时正是"红卫兵"大串连的高峰，北京的公共汽车拥挤不堪，年轻人上下班挤车都很艰难，而茅以升已年逾古稀，每天上班要换乘三次车，经过两个多小时才能到达铁道科学研究院，他挤车的艰难吃力可想而知。由于心情沉重，奔波劳累，精神紧张，他的胃病发作，每天中午在单位，只能吃点开水泡大米花。

好在这样的时间并不长，在周总理的干预下，茅以升恢复了坐小车的待遇，10月1日国庆节，他又同党和国家领导人登上天安门城楼观礼。

"文革"的前几年，茅以升不得不应付的一项繁忙事情，就是不断地接待"外调"人员。中华人民共和国成立前他曾在许多单位任职，交往极其广泛。而那些和他有过联系的人在"文革"中绝大多数受到审查，他们所在单位或地方都派出调查人员,找到与被审查者有过关系的人,收集被审查者的材料。这些外调人员频繁光顾茅以升,不论是上班或在家,他都要接待这些人员,有时一天要接待好几批。除了谈话外,还要写证明材料,工作量是很大的。有时他自己时间不够用,就请秘书帮他抄写。

他对待外调,极其认真,因为他知道这些材料关系着被审查者的命运。他极力回忆被调查者,同他接触的时间、地点,担任过什么职务,做出过什么贡献,然后准确地答复。

有的外调人员怀着整倒被审查者的用心,诱导茅以升提供不利于被审查者的材料,甚至在达不到目的时,拿当时通行的政治大话恐吓他,但他坚持实事求是,决不屈从和苟同。

"对人的历史负责,"他反复说,"也就是对自己负责。"

在那丧心病狂的年代,令人心悸的消息不断传来,许多革命老前辈和科技文化界知名人士或被关押,或被揪斗,或死于非命。茅以升心情非常沉重,好长时间沉默寡言,很难露出笑容。

他的权限被剥夺了很多,不能开展正常的工作和研究,但他又是一个绝不愿虚度光阴的人,于是便着手研究便于使用的图算器。他亲自买来纸张,在他那狭小的书房里剪呀画呀忙个不停,裱糊成各种各样的图算器。只有在完成一件图算器具时,才能见到他发自内心的一丝笑容。

他的研究是富有成果的。1982年3月,广州图尺算协会召开首届年会及特殊算具观摩交流会,他写文章表示祝贺。文中谈了他研究图算的经历和心得,指出图算在电子计算机时代仍有存在的价值。文章的题目是:《图算如下棋,可以启发智慧》。

茅以升从小喜爱文学,一生不衰,知道好多与桥有关的典故和文学作品,早就认识到中国古桥不仅能提供便利的交通,而且也是一种文化。"文革"中间,他觉得无事可做,又觉得浪费光阴是莫大的罪过,于是忽发奇想,要为桥梁文化做点贡献。他和两位志同道合的老友广查博搜,把古往今来描写桥梁、歌颂桥梁、用桥作比和与桥有关的诗词曲文,以及桥边悲欢离合的故事汇集起来,用工工整整的小楷,抄录在稿纸上。他亲手装订、设计封面,题名《桥话》。日积月累,居然集成厚厚的一套共九大册的《桥话》,可以说是一部关于桥梁的文艺鉴赏辞典。他把这一套手抄本安放在书橱中,非常珍视。

九

他奋斗一生，除了建造江河大桥外，还修起许多理解之桥、友谊之桥、报国之桥、科技文化交流之桥和科学之桥。他的精神就是一座永远的桥。

1. 在科学的"春天"里

1976 年 10 月，中共中央一举粉碎了祸国殃民的"四人帮"，宣告了"文化大革命"的结束。我国迎来了新中国的又一个科学的春天。

自 1978 年开始，我国进入了"改革开放"的新时期，"改革开放"的总设计师邓小平提出"科学技术是生产力"，进而又提出"科学技术是第一生产力"，号召全社会"尊重知识""尊重人才"，明确了科学技术和科技工作者在社会主义现代化建设中的重要地位和作用，把广大科技工作者从长期的思想禁锢和政治压抑中解放了出来。

1978 年 3 月，全国科学大会在北京召开，这在新中国的历史上还是第一次，它表明了党和政府对科学技术的空前重视。在会上，中央电视台向全世界介绍了我国七位著名科学家，茅以升是其中之一。这一年他 82 岁。

在他最后的 12 年中，他在科学上的主要工作是"科协"和"科普"。茅以升从 1958 年起任中国科学技术协会副主席，除了科协的全面工作外，还具体领导科协下属的中国土木工程学会和中国土力学及基础工程学会的工作。在"文革"中这两个学会陷于瘫痪。1978 年，在他的主持下，这两个学会恢复了活动，召开了理事会。他继续领导土木工程学会工作。

1980 年 3 月，中国科协第二次大会，他再次当选为中国科协副主席。到 1986 年第三次大会，90 岁的他才从科协领导岗位上退下来，任中国科协名誉主席。

中国科协的前身是中华全国自然科学专门学会联合会，简称"全国科联"。茅以升从 1950 年起就当选为全国科联委员，并于 1952 年任北京市科联主任委员。1958 年全国科联改组为"中国科协"，北京也成立了科协筹备委员会，他仍任主任委员。1963 年北京市科协第一次大会，他再次当选主席。1986 年后任名誉主席。

他 1980 年从铁道科学研究院领导岗位上退下来后，就把工作关系转到了北京市科协，一心扑在科协工作上。

由于"文革"的破坏和新时期的发展,科技团体中和科技工作者中都有许多亟待解决的问题。他不顾自己80多岁的高龄,亲自带领科学家奔波于北京市委、市政府和中国科协之间,逐一解决了北京市科协的隶属关系、经费、编制和活动场所等问题。

他还关心和指导科协下属各专业科技团体的组织和发展,要求这些科技团体广泛吸收和联系本专业的科技工作者,使这些科技团体真正成为科技工作者的群众性团体。他亲自参加了很多科技团体的活动,进行帮助和指导,推动了科技团体活动的正常开展。在他的领导、关心和支持下,北京市的科技团体迅速发展起来,市科协共拥有学会、协会、研究会100多个,区县科协18个,厂矿科协约120个,各级科协的个人会员约30万,团体会员约3000个。

他不但重视科技团体的组织建设,而且重视端正科技团体的发展方向,坚决反对科技团体脱离社会主义方向,脱离实际的倾向,引导科技团体为社会主义建设服务。

早在20世纪50年代,茅以升就提出了建设"社会主义精神文明"的问题。1982年,他针对科技工作者中存在的问题,联合首都103位科学家,发出了关于制订《首都科技工作者科学道德规范》的倡议书,提出"热爱祖国,忠于人民,坚持四项基本原则,为社会主义的物质文明和精神文明建设服务"等七条标准,得到了全国科技工作者的响应,推动了科技界精神文明的建设。

"热爱祖国"在茅以升心中,任何时期都不是空话。新中国成立前他曾任多所工科大学的校长,也曾长期负责中国土木工程学会的工作,所以,他的学生和同事遍布海内外。欧美同学会成立,他被推选为会长。他广泛联系海外华侨中的科技工作者,向他们介绍中国共产党的政策和社会主义建设的成就,鼓励他们为祖国建设贡献力量。

1981 年国庆前夕,中国共产党向台湾当局发出了和平统一祖国的号召,茅以升深受鼓舞。他的许多朋友和学生到台湾后取得了很大成就,成了很有影响的人物,他了解他们都是希望祖国统一的。因此,他在全国政协会议上提出,在祖国和平统一的"大桥"正式动工之前,两岸的科技工作者通过相互交流,可以先各修一条"引桥",并对这条"引桥"究竟应该怎样修提出了具体建议。

他的这个建议,得到了我国科技界和有关方面的高度赞赏。1981 年 12 月 10 日,《人民日报》发表了他的建议,题目是《茅以升在设计"引桥"》。

2. 架起科技通向人民的桥梁

茅以升本是最热心科普事业的科学家。"文革"后,他年过八十,视力严重下降,已不能进行高深的专门课题研究,就把更多的精力投到了科普事业上。

有的科技工作者把科普看作"业余"和"非本职工作",他坚决反对这种观点,认为这些是奇谈怪论,实质上是割裂了普及和提高、科研与科普、科学与生产的关系,不利于科学的发展。

"普及和提高是相辅相成的,"他对科技工作者说道,"对己是科研,对人是科普;昨天是科研,今天是科普;科研为科普积累知识,科普为科研开辟途径;攻关要科研,推广要科普。"

1978年5月,中国科协在上海召开全国科普工作座谈会,他是会议主持人之一。在会议期间,他差不多花了一夜时间,赶写成了《科研和科普的十大关系》一文,较系统、全面地表达了他的科学观。

1981年2月,他又在《光明日报》上发表《科普是一座通向"四化"的桥梁》,进一步阐述了他的观点。

"科普和科研的关系,"他写道,"是宝塔塔基和塔尖的关系。塔尖刺破云天,是靠塔基的宏大坚固,所以科学家搞科普工作,并不是弃'正业'而就'副业'。科普工作也是科学家的正业,名副其实的正业。我们要花很大的力气,努力做好它……可以预见,如果我们十分认真地去做科普工作,必将造就一大批有真才实学的科研人才。"

"在急流险滩上架起一座科普之桥,"他又写道,"也可以更好地沟通专业科学技术队伍与群众的联系,使一批热爱科学的人，从不甚发达的此岸到达四个现代化的彼岸。"

他不仅比以前更起劲地为科普事业大声疾呼，而且一如既往地身体力行，撰写科普文章，编写科普书籍。他写的《没有不能造的桥》获得新长征优秀科普作品一等奖。1981 年和 1986年，科学及出版社出版了《茅以升科普创作选集》第一集和第二集。这是他一生科普作品的结晶。

他是中国科普创作协会的发起人和领导人之一，全国第一个科普创作协会是在他领导下的北京市科协成立的。

1984 年 1 月，中国科普创作协会第二次代表大会通过了给茅以升、华罗庚、高士其等 17 位著名科学家和科普作家的致敬信，推选他们为中国科普协会荣誉会员，并推选茅以升为名誉会长。

"你的爱国热忱使我们深受教育，你的优秀作品是我们学习的榜样，你的杰出贡献将载入我国科普史册。"中国科普创作协会给茅以升的致敬信中说。

茅以升非常重视报刊的科普宣传功能，早在 1954 年，在他和其他著名科学家的倡导扶植下，北京市科普协会创办了新中国第一张科技报——《科学日报》，到"文革"前夕，全国已有科技小报 22 家。"文革"中，全部被迫停刊。

1978 年，全国各省、直辖市、自治区的科技报纷纷复刊或创刊。茅以升对这支科技报队伍给予很高评价，并寄予很大希望。

"科技报是我国的独特产物，"他满怀激情地赞扬说，"在当今世界上可谓一大创举。"

1980年3月，在他的关怀和支持下，中国科技报研究会成立，推选他为研究会理事长，并创办了会刊《科技报通讯》，他在创刊号上撰写了《谈谈如何办好科技报》的发刊词。1981年12月，中国科技报研究会召开第二次年会。会议前夕，茅以升专门抽出时间，翻阅了各地的科技小报，针对科技报存在的实际问题，亲自写出了《我对办科技报的几点看法和意见》的讲话稿，从科技报应具有的思想性、地方性、时间性、科学性、趣味性等问题，讲到科技报的形式、作用、文风以及今后如何稳步发展等问题，条条联系实际。与会代表听了他的讲话，深受启迪，赞不绝口。

对于其他的科普形式，如科教电影、科普期刊、科普广播电视节目等，他都非常关心，大力支持，亲自指导。

3. 孩子们的茅爷爷

"爱孩子就是爱祖国的明天。"这是茅以升常说的一句话。他非常喜欢和少年儿童在一起，把他们当作普及科学知识的重要对象，他的好多科普文章都是为孩子们写的。但他更注重培养孩子们从小学科学、爱科学的好风尚，培养他们刻苦钻研的品质和创造精神。

1955 年 8 月 9 日，他参加了在北京市北海公园的少年之家举办的少年儿童科学爱好者的联欢晚会。小朋友们表演了自己制作的电动铲土机、人工降雨器等科技模型。他看了十分惊喜。

第二天，他又去参观了全国少年儿童科技和工艺作品展览会，看到了成千件的科技作品，有原子能电站模型，各种能走的、会飞的、可游的动力工具模型，以及各种动植物标本。这些作品都出自全国各地的 9 至 15 岁的少年之手，这更让他感到惊喜和振奋。事后他在《光明日报》上发表《检阅了我们科学大军的后备力量》一文，表达自己的感受。

"他们的智慧和才能使我十分惊喜，"他写道，"这加强了我对未来科学家们的教育的责任感。"

1964 年 6 月，他又在《文汇报》上发文说，培养儿童热爱科学，是科技工作者"义不容辞的革命责任"。

"文革"后，他以更大的热情投入培养儿童热爱科学上。

"科普是通往科学的桥梁，"他说，"应当让孩子们先通过。"

他不顾已经年过八十的高龄，到北京市的各中小学、少年宫、少年之家以及外省市为孩子们作科普报告，引导他们爱科学、学科学、用科学，献身于祖国的科学事业。仅 1978 年到 1981 年里，他就先后为孩子们作了 30 多场报告，听众达 6 万多人。

1981 年,他写的《没有不能造的桥》一文获新长征优秀科普作品一等奖,他把奖金全部用到了孩子们身上。1984 年,以他为首的 6 位科学家发出全社会都要关心青少年,建立青少年科学基金的呼吁,立即得到许多单位的响应,北京青少年科学基金会在全国第一个建立了起来。

在他的倡导下,北京市科协与教育部门、共青团组织相互配合,组织了多次青少年数学、物理、化学竞赛和青少年科技作品展览,建立了天文、地理、生物、电子等爱好者协会,开展了青少年地质旅行、生物夏令营、天象观测等多种科技活动,对发现和培养青少年科技人才起到了很好的作用。

他在家也时常接待一批又一批少先队员,他的客厅经常成为孩子们探索科学的乐园。孩子们亲切地称呼他"我们的茅爷爷"。

全国各地的少年儿童经常给他写信求教,他总是尽可能逐一亲自答复。信的落款总是"你们的茅爷爷"。

1981 年六一儿童节,他来到上海市少年宫,向孩子们讲了自己小时候的几个故事。其中有他对"走马灯"的惊奇、文德桥倒塌对他的影响,还有他小时候怎样锻炼记忆力,能把"圆周率"的小数记到 100 位。他的故事讲得生动有趣,孩子们在笑声中深受启发。

《儿童时代》的一位编辑,听了这些故事,觉得很有意义,就请求他把故事写出来,他满口答应,当晚就写出来了,题目是《从小得到的启发》。这篇文章发表后,产生了很大影响,许多小读者都从中得到了很大的"启发"。

有一天,北京市育民小学的 10 名小学生到他家中过科学队日,一位看过《从小得到的启发》的三年级学生,正在向他学习,锻炼自己的记忆力,提出要和茅爷爷比试,看谁先写出圆周率小数点后面的 100 位。

"好啊!"他高兴地说,"几十年我还没有遇到过对手,现在遇到了,想不到竟是一位只有 9 岁的小朋友。"

比赛开始了,这位小学生写到第 100 位停了下来,比茅以升快了两秒钟,可是他一看,茅爷爷却写到了第 101 位。

"茅爷爷,"这位小学生很纳闷,问,"咱们不是比试谁先写到 100 位吗,你怎么多写了 1 位?"

"多写 1 位也是爷爷输了。"他笑呵呵地说。

"孩子,"他接着说,"圆周率后面的小数,其实是无限的!我写了 101 位,意思是要你记住,科学的发展也是无穷无尽的,不能到此为止。"

这位小学生听了,很受启发,后来连续两次在全国青少年科技发明竞赛中获得一等奖,还曾代表我国青少年参加了美国工程技术博览会。

这位小学生和茅爷爷比试的故事在报上发表后,有不少小朋友给茅爷爷写信,也要和他比试。

在给孩子们的回信中,茅以升对孩子们的聪明好学非常赞赏,但同时建议小朋友们,不必死记硬背上百位圆周率小数,要培养多方面的兴趣,多思考问题。

1986年,北京市举办青少年科技作品展览,阜外一小的同学拿着自己设计的西单立交桥模型向茅爷爷请教。他见到小桥梁设计者分外高兴,兴致勃勃地对孩子们讲了起来,从如何造桥,讲到如何做人,并与孩子们合影留念。

会见之后,这所小学的小桥梁设计者突然多了起来,竟然设计出40多件立交桥模型。

茅爷爷爱孩子们,孩子们也用各种各样的方式表达对茅爷爷的爱。无锡市延安小学的少先队员,集体为茅爷爷画了一张画,用画代信寄给他。镇江二中的学生献给茅爷爷一本精致的影集,里面是同学们的科技活动和镇江名胜风景的照片。

新乡市解放路二小的138名学生,给茅爷爷送来138只鸡蛋,代表138颗爱他的童心。他买了70多本书送给孩子们,并连夜写信表示感谢和鼓励,答应接受孩子们的请求,担任他们的特邀校外辅导员。

他的居室里,经常摆放着孩子们送给他的字、画、科技模型和其他样式各异的小礼物。看着这些小东西,他感到了极大的乐趣,心中充满了无限的希望。

4. 多年心血结硕果

茅以升晚年的一项重大科技活动，是主持编成了《中国古桥技术史》。

中国老一代曾留学国外的著名桥梁专家，都对中国古代桥梁有浓厚兴趣，而且这种兴趣老而弥笃。这是因为，他们在国外掌握了近代先进的桥梁科技后，再反观中国古代桥梁，发现它们的建造，虽然没有近代的计算理论，却是构造巧妙而合理，造型独特而富有美感，其中蕴含的科学技术和文化意味值得发掘；同时，他们都深爱自己的祖国和文化，为中华民族在桥梁技术上的卓越成就感到自豪，要把这些成就揭示出来，传之后代，昭示于世界。茅以升和罗英这一对亲密朋友就是老一辈桥梁专家中发掘我国古桥科技成就的最杰出代表。

抗日战争时期，茅以升看到公路上的一些古老桥梁，竟能承受重载汽车安全通过，这是他学过的计算理论所无法解释的，因此引起了他对历代古桥进行科学研究的念头，并开始作关于中国古桥的笔记。但是，由于工作繁忙，他只在报刊上陆陆续续地发表过一些介绍中国古桥的文章，而他的老朋友罗英，从抗日战争时就开始编写《中国石桥》和《中国桥梁史料》两部书。

新中国成立后，罗英又经过了将近 10 年的资料搜集和研究,才完成了这两部书。《中国石桥》于1958年由人民交通出版社出版,《中国桥梁史料》于1959年由上海科学技术出版社出版。

这两部书的序言都是茅以升写的,他盛赞罗英所付出的艰辛劳动和对研究中国桥梁史的开拓之功,盛赞两部书所取得的成就。

两部书出版后,罗英继续写他的科研专著《中国石拱桥研究》,并与茅以升等人商议,计划编写一部完整的《中国桥梁史》。不幸的是,罗英身患重病,于1964年逝世,遗留下完成一半的《中国石拱桥研究》和计划中的《中国桥梁史》。罗英临终前将半部《中国石拱桥研究》托付给茅以升,并希望茅以升能主持编写《中国桥梁史》。

在1964年第二届全国人大第四次会议上,茅以升和著名建筑学家梁思成联名提出一项议案,请政府组织委员会,编写《中国桥梁史》。这项提案交给交通部处理,交通部派人专门拜访了茅以升,并和文化部、铁道部会商,准备先组成《中国桥梁史》委员会,然后再订编写方案。然而,由于随后发生了延续十年的"文化大革命",这件事情被搁置下来。

1971年,英国剑桥大学李约瑟博士出版了他的"中国科学技术史"第4卷第3册《土木工程和水利》,有一章专门介绍中国的古桥,并盛赞中国古桥的成就,但全文只有3万字,远不能反映中国古桥的历史全貌。

李约瑟博士的这部著作震动了世界，震动了中国，也震动了茅以升。难道中国古桥的成就还要等待外国人来全面介绍吗？他编写《中国桥梁史》的决心更大了。

但是在"文革"的形势下，要编写这部史书是不可能的。于是他建议先以科普的形式编写一本《桥梁史话》，作为桥梁史的先驱，并积极为这本书撰文和作序。1977年，《桥梁史话》出版。由于这本书编写于"文革"中，书中夹杂一些政治分析，显得很牵强。

1978年，茅以升亲自编写的《中国桥梁》也出版了，并被译成日、英、法、德和西班牙文。

但这两本书离他心目中的中国桥梁史的规模还相差甚远。这时他也年逾八十，增加了编写这部史书的紧迫感。

1978年10月，在中国科学院自然科学史研究所和交通部科技委员会的支持下，成立了《中国桥梁史》编写委员会，茅以升任编委会主任和桥梁史主编，组织老、中、青三代桥梁工作者正式开始编撰工作。

起初的计划比较庞大，准备写成一部贯通古今的《中国桥梁史》，继而压缩为《中国古桥史》，最后为了避免《桥梁史话》中牵强附会的政治分析，确定为《中国古桥技术史》。

在指导这部书的编写过程中，茅以升以80岁高龄，再次发挥他的组织能力、用人气度和严肃认真的工作作风,制定了编写原则,让大家分工负责,合作完成。编写者们从400多种古籍中,探微索隐,一丝不苟,搜集到了丰富的文字资料。

除了文字探索外,还分兵几路,赴全国各地对重点桥梁进行实地调查,拍摄照片,与文字考证相结合,分别整理成考察报告。

编写者们按分工写出各个章节后,分别在北京、杭州召开讨论会,进行修改、补充。反复多次,精益求精。

在茅以升的具体指导下,大家经过几年的艰苦努力,《中国古桥技术史》终于编撰完成,于1986年由北京出版社出版。中国科学院为它的出版举行了新闻发布会。1987年7月,《中国古桥技术史》获中国图书荣誉奖。茅以升勤勤恳恳20年,并为之付出大量心血的《中国古桥技术史》终于问世,并得到了社会的承认。

茅以升亲自为这部书写了前言和概论。他在前言中说:

"我国桥梁技术,过去曾在世界上领先,现在追述其历史,探索其所以领先之故,正是为了从中得到启发,来发扬光大其固有传统,为促进四化建设之一助。我相信,世界上没有不能造的桥,我国桥梁技术,将于其中再度显现其领先的可能性。"

《中国古桥技术史》完成后,茅以升又将罗英的未完稿《中国石拱桥研究》一书交给《中国古桥技术史》的副主编、桥梁专家唐寰澄,委托他予以续完。唐寰澄花了近两年时间,续成此书,茅以升审阅后很满意,感到如释重负,可以向地下的老友交代了。

5. 两次访问美国

茅以升晚年的一项重要事件,是于 1979 年和 1982 年两次访问美国,在美国及世界工程界都产生了很大影响,也对吸引在美国的华人科技人才报效祖国起了重要作用。这两次访问,也使他的国际声望达到了顶峰。

1979 年 6 月,中国科协应美国工程师联谊会的邀请,派出以茅以升为团长的中国科协赴美友好访问团,到美国华盛顿、纽约、匹兹堡、芝加哥、旧金山、洛杉矶等六大城市,进行了参观访问。

这是中国实行"改革开放"政策的初期,中美科技界的一次重要交流活动。代表团还带着两个重要任务:一是以茅以升的威望,动员在美华人科学家回国讲学或定居;二是参观美国博物馆、科技馆,学习他们的设计、布局和管理经验,为我国的科技馆建设做参考。

在美国科技界有很多华人,其中许多人在美国国内乃至国际上占有令人崇敬的地位。有不少华人科学家和工程专家,是在中国的学校毕业后才去美国的,有的是在交通大学或北洋大学毕业的,还有其他大学的毕业生,他们中不少人都与茅以升有直接或间接的师生关系。所以,派茅以升去联系他们为国效力,是再合适不过了。

代表团受到了美国工程师联谊会主席肯耐斯·罗伊先生和几个大城市的工程师联谊会的热烈欢迎和热情接待。各地的华人协会、交通大学校友会、浙江大学校友会以及同行好友,对茅以升和代表团的接待更加热情和亲切。

代表团在美国约一个月时间,不算小型座谈,仅接受宴请就38次,其中17次,茅以升都发了言,平均两天一次。他每次发言前都做了认真准备,所以内容丰富,针对性强,深深地打动了在美华人的心,宴会后马上就有人表示一定要为祖国效劳。

代表团到匹兹堡,茅以升的女儿于璋和女婿汤育孙在这里定居,操办了全美华人协会匹兹堡分会欢迎代表团的一场盛大的聚餐会,别开生面,到会者每人带一盘自己的拿手好菜,气氛非常欢快热烈。匹兹堡分会会长讲话后,茅以升发表了热情洋溢的精彩讲话,他的讲话充满了对祖国真挚的爱和对在美华人报效祖国的企盼,听者无不为之感动,不断报以热烈的掌声。讲话结束后,全场热烈的掌声经久不息。

6月28日,茅以升应邀前往母校加里基大学,接受该校校长特颁给他的一枚"卓越校友"奖章。阔别60年的母校已变成了一所规模完整的大学,但他当年读书的土木工程系的楼房依然存在。系主任和两位教授在系接待室殷勤接待了他。室内陈列品琳琅满目,他 60 年前的博士论文摆在最显眼的位置。他是加里基工学院第一位博士学位获得者,至今在加里基大学传为佳话。

6 月 29 日,他重游母校康奈尔大学,受到校长、土木系全体教师的热烈欢迎。他在美丽的校园里游览了一遍,一一打听当时的老师、图书馆、实验楼等情况,表示他深情的怀念。

茅以升与他在美国的学生、国际著名工程专家林同炎教授的关系,可以作为当代世界工程科技史上的一段佳话。

林同炎是唐山工学院 1931 年的毕业生,他在校期间,茅以升曾任唐山工学院院长,茅院长教学有方,他感到受益匪浅,一生尊茅以升为"恩师"。他毕业后不久赴美留学,回国后为铁路工程师,成渝铁路的数百个桥梁涵洞,都是根据他的设计方案施工的。

当茅以升在杭州建造钱塘江大桥时,他曾去工地参观。他后来回忆说,他对桥梁建筑产生兴趣,是受了茅校长设计的钱塘江桥的影响。

1946 年夏,林同炎赴美国任加州大学教授,临行前到茅以升的办公室告别,并赠给茅以升一沓世界著名桥梁的画片,作为临别纪念品。新中国成立后中美断交,二人之间也就失去了联系。

林同炎到美国后,开创了预应力混凝土在工程领域的应用,在工程科技上取得了辉煌成就。

1972年,尼加拉瓜首都马那瓜发生强烈地震,高层建筑纷纷倒塌,而林同炎采取特殊钢筋混凝土设计的18层、200英尺(1英尺≈0.3048米)高的美洲银行大厦却安然无恙。他设计的世界上第一座半面弧形的克拉乔其大桥,构思巧妙,既经济合算又造型美观,荣获全美建筑设计评比第一名。他的著作《预应力混凝土结构设计》是全世界最有权威的预应力混凝土学专著,被许多国家的大学作为教科书。

因此,林同炎教授被誉为"预应力混凝土先生""美国预应力的功勋人"。国际预应力协会给他颁发奖章,美国预应力协会设"林同炎奖",加州大学授予他"终身荣誉教授"称号,并开辟"林同炎教授纪念室"。

1978年,林同炎阔别祖国30多年后首次回到祖国,在北京与茅以升相会,久别重逢,师生二人都分外惊喜。

林同炎原名"林同棪",在一次谈话中,茅以升说:"你的名字,何不改为'同炎',岂不更有意义?因为你现在身处美国,而心向祖国,炎黄子孙饮水思源,'同炎'二字可以表达你的心,岂不更妙!"

林同炎听后,欣然接受,当即改名,以表达热爱祖国之心,同时也表示对老师命名的纪念。

茅以升这次到美国,受到林同炎的殷勤接待,并到林同炎家中做客。林教授虽功勋卓著,誉满全球,且已年过六旬,但始终执学生礼节,对老师茅以升毕恭毕敬。

茅以升在旧金山失落了手杖,走路不太方便,林同炎的得力助手,也是唐山交大毕业生的陈乃东看到后,赶快买了一根手杖,献给茅以升。茅以升至为感谢,回国后又亲自写信,再次表示感谢,令林同炎和陈乃东感到愧不敢当。他们在这件小事上感受到了茅以升充满师爱及和蔼可亲的长者之风。

从那以后,林同炎曾多次回国,茅以升每次见到他,总不忘叮嘱他要饮水思源,热爱祖国,为祖国的四化建设和人民富裕多做贡献。林同炎把老师的教诲牢记在心,尽最大努力为祖国效劳。他多次回国讲学,帮助中国土木工程学会派遣科技人员赴美进修,还对国家建设提出重大建议。

开发上海浦东的建议就是林同炎最先提出的。他认为应把浦东浦西打成一片,发展工商企业和先进科技,在浦东批租土地,吸引国内外资金,把上海建成现代化的世界一流城市,提高上海的综合功能,使上海成为太平洋西岸最大的经济、贸易中心。

这个想法形成后,他立即与陈乃东共同研究计划,为它的实现献计献策,并和上海市领导共同研讨,前后七次拟定了开发浦东的各项计划建议书。这些工作,都得到了茅以升的赞赏和鼓励。

到了 20 世纪 90 年代,中央决定开发浦东和开放浦东,林同炎的提议变成了现实。

"茅老在天之灵,闻此大好喜讯,必定欣慰欢乐!"林同炎说。

1982 年 10 月,茅以升再次到美国,他这次是应美国国家工程科学院的邀请,来接受该院授予他的外籍院士称号的。这是美国工程技术的最高荣誉,也是世纪工程科技界人士所向往的荣誉。茅以升是获得这个称号的第一位中国人。

美国国家工程科学院的评选程序相当严格,必须有四位以上有声望的科学家提名推荐,再经过委员大会讨论、表决通过。茅以升被提名是 1979 年初由著名美籍华人物理学家吴健雄博士发起的。

11 月 3 日,美国工程学会第 18 届年会在华盛顿开幕,新当选的美国院士 48 人,外国院士 6 人进入会场,一一向会议主席报名。茅以升已是 86 岁高龄,乘坐轮椅被推入会场,在第一排就座。

会议主席是美国工程学会主席勃金先生,他宣读完一位新院士的功绩,这位新院士就走上主席台,与主席握手,由主席颁发给院士证和一枚蔷薇花徽章,然后在院士名册上签名。

轮到茅以升时,勃金先生走下主席台,来到他座前颁发证书,并亲手给他别上徽章。

当勃金先生正要转身时,发现茅以升左襟上已经有了一枚同样的徽章,那是勃金先生访问中国时,先赠送给他的。

"你是我们院士中唯一拥有两枚徽章的人。"勃金先生亲切而幽默地笑着说,引起了全场热烈的掌声。

会后,在美国国务院外交厅,由美国工程学会举行招待会。来到茅以升身边向他祝贺、问候的客人络绎不绝,使他应接不暇,没有时间进食,竟空腹而归。

第二天中午,中国驻美大使柴泽民夫妇设宴招待茅以升,祝贺他为国争光。晚上,美国工程师联谊会主席罗伊博士宴请茅以升,他是茅以升的四位提名推荐人之一。

事后,茅以升又到匹兹堡看望女儿于璋一家。加里基大学工学院设午宴,盛情款待又为母校增添荣誉的老学生。

6."最光荣的一天"

1987 年 10 月 12 日,中共中央统战部会议室的墙壁上悬挂着鲜红的中国共产党党旗,92 岁的茅以升一字一句地宣誓入党。他的声音显得苍老而略带嘶哑,但掩不住他内心的喜悦和激动。

宣誓完,统战部负责同志对茅以升做出了高度评价。他说:

"茅以升同志是与我们党长期合作、肝胆相照、荣辱与共的老朋友。中华人民共和国成立前,他不顾国民党反动派的威胁利诱,同情和支持我党领导的人民解放事业。新中国刚成立,茅老就提出'党是建设新中国的总工程师'这样一个重要而正确的观点。三十余年来,在全国人大、全国政协、九三学社的活动中,在铁道科学研究院和中国科协副主席的岗位上,茅老拥护党的领导,热爱社会主义新中国,与党忠诚合作,坦陈己见,积极工作,为发展爱国统一战线,普及科学知识,为社会主义现代化建设,做出了重大贡献。"

茅以升也作了简短而热情的发言:

"我的前半生,自诩'无党派''超政治',是个崇尚'科学救国''工程救国'的民主主义者。抗战胜利后,我目睹国民党反动派发动内战,摧残民主,投靠帝国主义,开始认识到只有中国共产党领导人民大众起来革命,才能救中国。今天,是我一生中最光荣、最难忘的一天,我入党了!"

加入中国共产党是茅以升多年的愿望。

20世纪50年代,他加入了知识分子的政治组织"九三学社",并从1958年起担任九三学社副主席,但他一直未敢提出入党要求,因为政治运动一个接一个,知识分子一直被作为思想改造的对象。他的一个最得力的秘书也于1957年被打成"右派"。他在1958年4月北京知识分子向党"交心"运动中,向党提建议143条,5月铁道科学研究院就批判他的"名位思想",他向全院干部作了三次检讨。

在这样的背景下,他怕提出入党要求后,不被党所接纳,所以也就没有勇气提出来。但1958年李四光等老科学家的被批准入党,在他心中燃起了强烈的希望。

1962年6月,在广州召开的全国科学规划会议期间,他与几位科学家正在议论入党问题,周恩来总理走了过来。

"总理,"他们问周总理,"不少知识分子被拔了白旗,他们能申请入党吗?"

当时强调知识分子要"又红又专",把突出政治放在第一位,而把一些刻苦钻研业务的知识分子说成是走"白专"道路,称为"白旗",并对他们进行批判,说是"拔白旗"。

"当然可以!"周总理爽朗地回答。稍停片刻,又说:"每个人的具体情况不同,像茅老这样的同志,是入党好,还是留在党外更便利于工作,应该慎重考虑。"

茅以升在国内国外都很知名,他的学生和朋友遍及海内外,他留在党外为党工作,就更有利于党的统一战线工作,更符合党和国家的整体利益和长远利益。他反复琢磨周总理的话,领悟了这个道理,觉得这是党对自己的信任和提出的更高要求。他为此而感到兴奋,觉得自己与党更亲近了。

此后20年里,他铭记周总理的话,没有再提入党要求,但在行动上,他时刻以共产党员的标准要求自己。

党也没有忽视他的贡献和政治表现,给了他崇高的政治地位。他是第一届全国政协会议代表,第二至第六届全国政协委员,第六届全国政协副主席;他还是第一届至第六届全国人大常委会委员。

茅以升进入 90 高龄后,感到自己能为党工作的时间不多了,如果再不申请入党,他这个夙愿恐怕就不能实现了。1986年 11 月 22 日,他写好入党申请书,亲自送到许德珩家中,请许老做他的入党介绍人。第二天,许德珩致信中共中央统战部,转交了茅以升的申请书。

"我已年逾九十,能为党工作之日日短,而要求入党之殷切期望与日俱增。"他在申请书中写道,"我是继续在党外,还是加入党?怎样对党有利,对国家和人民有利,我就应当怎样做,这是大局。而为共产主义奋斗终生,这是我终生志愿。"

7. 一座永远的桥梁

茅以升的晚年,始终没有停止工作,可是,一次意外的事故,使他开始了两年的病榻生活,直到逝世。

1987 年 10 月 14 日,茅以升入党后的第三天,他因感冒发烧住进医院,那时党正要召开十三大,他执意要带病参加开幕式和闭幕式。

11月1日是大会闭幕式。他一早起床，七点多钟便坐在沙发上，准备出发。这天的天气是大风降温，女儿玉麟不放心，在家给他打电话，劝他不要去开会了，可他说什么也不听，几乎和女儿吵了起来。

"今天并不冷！"他对着话筒生气地说，"只是有点风，我多穿点衣服，怕什么！"

玉麟不敢违背他的意愿，但又实在放心不下，便说："好吧，你等着我，我马上就来。"

玉麟急急忙忙赶到医院，却发现父亲身边已围满了医生。原来他在上完厕所回到沙发的几步路上，忽然跌倒，造成"左腿骨股颈骨折"。

"没关系，一点也不疼。"他一见玉麟，说，"可惜今天参加不成党的会议了，唉！"

医生让他上床休息，他勉强答应了，却悄悄对玉麟说："医生一走，我就起来。"

谁也没有想到，他这一躺，便再也没有站起来。

当天晚上，他开始昏迷，体温升高，血压下降，心律不齐，连续几天，越来越严重。主治医生通知家属准备后事，并报党中央、国务院："茅以升病危！"

但是，茅以升奇迹般地挺了过来。病情逐渐好转过来，可头脑有时仍不清楚,经常不知道自己在什么地方。时而会说:"小林,我们准备开会了,看看车子来了没有。""小林,我要回家了。"有时说要回镇江,有时说要回南京。

玉麟见此情景,知道他再也不能回家了,便强忍泪水安慰他说:"好吧,等您再养几月,我们一起回去。"

等他身体好些,左腿已不能站立,每天大部分时间卧床,只是在午睡后起床三四个小时,或坐在轮椅上,或坐在沙发上。但他的精神还很愉快,每次起床,都哼着小曲。

"爸,"玉麟一边给他按摩,一边问他,"你现在还能背圆周率小数点后一百位吗?"

"不好说。"他笑了笑说。

"一定是忘了。"玉麟笑着激他。他哈哈大笑起来。

玉麟知道父亲爱吃花生米,有一次参加招待会,包了些剩下的花生米,第二天给父亲吃。

"好吃!"他问玉麟,"这是从哪里买的? 真好吃!"

"是昨天晚上我从招待会上'偷'来的。"玉麟回答。

他哈哈大笑起来,说:"这多难看! 下次不可以'偷'。"

茅以升住院两年,每逢 1 月 9 日他的生日,李先念、邓颖超、康克清等党和国家领导人都要送来花篮和大蛋糕。全国政协、中国科协、九三学社、欧美同学会、北京科协、国务院管理局等单位的领导也都前来祝寿。这一天,他总是十分高兴,精神抖擞,头脑也格外清醒,与客人进行亲切自然的交谈,还不忘询问各部门的工作情况。

他在医院经常患呼吸道感染,但在医生的精心护理下,都很快痊愈。1989 年 9 月 11 日,他又患呼吸道感染,却再没恢复过来,咳嗽、痰涌、气喘、发烧,折磨得他非常痛苦。

一天,他突然对玉麟说:"我要走了。"

玉麟以为他又在说胡话,问:"你又要往哪里去?"

"唉,这还不懂,"他以责怪的口吻说,"就是我的病好不了啦!"

"别瞎想了!"玉麟安慰说,"您的病已基本好了,只是在恢复阶段。"

从 10 月 24 日起,他的病情逐渐恶化,到 11 月 10 日,病情更加恶化,医生想尽一切办法挽救却无效。

1989 年 11 月 12 日下午 3 时整,茅以升走完了他的九十四个春秋,安然地离开了人世。

让我们用茅以升生前的一段文章结束对他一生的记录。

造成的桥,就老待在那里,一声不响地为人民服务。不管日里夜里,风里雨里,它总是始终如一地完成任务。它不怕负担重,甚至"超重",只要"典型犹在"、"元气未伤",就乐于接受。这虽是人工产物,但屹立大地上,竟与山水无殊,俨然成为自然界的一部分了。

这一段对桥梁的朴实描述,不正是他自己一生的写照吗?他奋斗一生,除了建造江河大桥外,还修起许多理解之桥、友谊之桥、报国之桥、科技文化交流之桥和科学之桥。他的精神就是一座永远的桥!